GW01465219

PETITES HISTOIRES
D'ESTIME DE SOI

CHRISTOPHE ANDRÉ

PETITES HISTOIRES D'ESTIME DE SOI

Odile
Jacob

Très librement inspirées de l'ouvrage
Imparfaits, libres et heureux. Pratiques de l'estime de soi,
de Christophe André, paru aux éditions Odile Jacob,

ces *Petites Histoires d'estime de soi*
vous sont offertes par votre libraire et les éditions Odile Jacob.

Elles ne peuvent être vendues.

© Odile Jacob, octobre 2009
15, rue Soufflot, 75005 Paris

www.odilejacob.fr

ISBN : 978-2-7381-2459-3

« Et nous pouvons ainsi nous estimer ou nous mépriser nous-mêmes… »

DESCARTES, *Les Passions de l'âme.*

SOMMAIRE

INTRODUCTION

Le livre *Imparfaits, libres et heureux* a influencé mon regard sur le monde pendant plusieurs années... Lorsqu'on écrit un essai, on est habité – le psychiatre que je suis allait écrire : obsédé – par son sujet pendant longtemps. Autour de son thème (surtout s'il est aussi important que celui de l'estime de soi), on lit, on écoute, on observe, on questionne ses patients, ses proches et toutes les personnes que l'on rencontre. On accumule les notes sur tous ces instants, ces pensées, ces témoignages, ces scènes auxquelles on assiste. Puis on se met à écrire... Mais le mouvement ne s'arrête pas une fois le livre paru. Tout d'abord parce que si un sujet a été important au point que l'on en fasse un livre, il ne cesse pas de l'être parce qu'on a écrit ce livre. Puis, une fois que l'ouvrage est publié, il commence une seconde vie : il appartient désormais aux lecteurs, qui nous interpellent, nous écrivent, nous posent des questions, nous apportent leurs avis et leurs témoignages. Alors, évidemment, les auteurs continuent de réfléchir, d'observer, d'écouter. Et de prendre des notes. Ce sont quelques-unes de celles-ci, rédigées après la naissance d'*Imparfaits, libres et heureux*, que je vous propose de lire ici, dans leur désordre et leur spontanéité : elles sont issues des petits carnets noirs que j'ai toujours avec moi, et aussi tirées de mon blog *Psychoactif*.

I

PETITS INSTANTS DE VIE
ET D'ESTIME DE SOI

« Mamma ! Perché mi hai fatto cosi bello ? »

Quand j'étais étudiant, nous partions souvent en vacances en bande de copains, parmi lesquels mon pote italien Massimo. Massimo était (et est resté) un personnage jovial, toujours prêt à rire de lui comme des autres, et féru de psychologie. Un matin, alors que nous étions plusieurs dans les toilettes d'un camping, en train de nous raser face aux lavabos, il arrive après tout le monde, comme à son habitude, s'installe en chantant, se douche, se rase. Puis il contemple un instant le résultat de tous ces soins dans le miroir, se caresse les joues, tourne la tête à droite, à gauche, avance, recule, avec l'air ravi de celui qui découvre ou redécouvre un merveilleux spectacle. Et finit par s'écrier : « *Mamma ! Perché mi hai fatto cosi bello ?* » (Maman ! Pourquoi m'as-tu fait aussi beau ?) Éclat de rire général dans le groupe, suivi de quelques grosses blagues pour le remettre à sa place. Mais Massimo s'en fiche, il rit encore plus, et repart en sifflotant se choisir une belle chemise pour la journée. Quelques secondes de silence suivent son départ. Il me semble entendre chauffer les neurones : combien d'entre nous, dans le groupe, sont en train de se demander si eux aussi se trouvent beaux, se plaisent ainsi à eux-mêmes ? Et combien d'entre nous sont capables d'avoir de telles pensées spontanément et joyeusement positives en se regardant dans le miroir, chaque matin ? Massimo est content de lui, mais jamais frimeur ni prétentieux. Il s'aime bien, c'est tout.

Dominator

L'autre jour en revenant du marché avec mon chariot plein de légumes, je tombe devant une grosse moto fière-ment appelée (c'est écrit dessus en lettres de feu) Domina-tor ! Waw ! Je m'arrête un peu pour admirer. Bel engin, en effet. Mais je ne serais pas détendu de devoir rouler en Honda Dominator : j'aurais l'impression que ça me force-rait à avoir l'air dominateur, conquérant et supérieur, à parler fort, à démarrer à fond aux feux rouges, à ne jamais me laisser marcher sur les pieds, à toujours avoir le dernier mot ou quelque chose à dire. Bref, à mériter le nom de ma machine. Fatigant. Je repars bien content avec mon chariot à légumes. Il a beau être rouge vif, et avoir belle allure, lui aussi, il me met tout de même moins la pression.

PS : pour que vous n'ayez pas trop l'impression que je fais le malin, j'avoue : j'ai eu moi aussi une grosse moto comme ça quand j'étais jeune (encore plus grosse que la Dominator, même ; bleue et jaune, une Yamaha Ténéré). Et je me sentais effectivement un peu obligé de faire le malin avec. Évidemment, ça s'est mal terminé, d'où ma méfiance d'aujourd'hui envers ces engins et les incitations cachées qu'ils véhiculent.

Narcissiques

Les narcissiques s'adorent, se pensent supérieurs aux autres et se donnent donc des droits supérieurs à ceux du commun des mortels (doubler dans une file d'attente, monopoliser la parole, prendre la plus grosse part du gâteau, etc.). Ils ne sont pas aussi sûrs d'eux qu'ils veulent s'en convaincre et en convaincre leur public (beaucoup présentent ce qu'on appelle une haute estime de soi instable). Très agaçants à fortes doses (si on vit ou travaille avec eux, c'est-à-dire si on doit les subir quotidiennement), ils peuvent aussi être très amusants. De temps en temps. Un jour, un de mes amis, narcissique mais plein d'humour, me téléphonait. Il y avait comme un écho sur la ligne, de mon côté au moins, ce que je lui signale. Il me répond alors : « Ah oui, moi aussi, c'est bizarre, j'entends un écho quand je parle. — Ça ne te gêne pas, tu veux qu'on se rappelle ? — Non, non, j'adore entendre deux fois le son de ma voix ! » On raconte qu'Alexandre Dumas, apparemment narcissique lui aussi, aurait un jour déclaré à propos d'une soirée mondaine un peu terne : « Ma foi, si je n'avais pas été là, je me serais bien ennuyé ! »

Basket et estime de soi

C'était il y a quelque temps, à l'anniversaire des cinquante ans de mon ami Étienne, dont je parle à la fin de mon livre *Imparfaits, libres et heureux*. Grande foule de proches et d'amis dans son jardin, ce dimanche après-midi de printemps. Ses enfants lui ont organisé quelques épreuves, des tests d'aptitude pour « voir s'il est resté jeune »... Parmi celles-ci, figure une épreuve d'adresse : il doit essayer de marquer un panier de basket de dos, les yeux bandés. Il se prête de bonne grâce à l'épreuve, pas du tout intimidé par les regards ni par les plaisanteries : il se tourne, se laisse masquer, et poum ! Du premier coup, il marque le panier. Tonnerre d'applaudissements, et les épreuves continuent pour lui. Assis sur l'herbe, je reste dans mon coin un instant, pour digérer l'événement : je suis perplexe et impressionné. Je sais qu'il joue parfois au basket dans le jardin avec ses fils. Mais tout de même ! C'est pour moi le panier de l'estime de soi (celle d'Étienne est haute et stable). Il a pris l'épreuve pour ce qu'elle était : un jeu, pas un examen critique où on allait juger sa valeur, son étoffe. Son bras ne tremblait pas, son cœur ne palpitait pas, mais il s'est tout de même concentré pour essayer, parce que ça l'amusait. Et ça a marché. Je me souviens que nous en avons reparlé quelque temps après. Il était presque étonné que je m'étonne, et que j'admire son geste tranquille. Pour lui, c'était un non-événement, juste un souvenir amusant, un coup de chance. Mais non, ce n'était pas *que* de la chance ! Je me suis souvenu alors de cette interview d'un sportif, lue je ne sais où. Ce devait être un joueur de tennis ou de golf, ou peut-être le buteur d'une équipe de rugby. Il disait en substance : « Plus je m'entraîne, plus j'ai de la chance. » Étienne est surentraîné en matière d'estime de soi : il se respecte et s'amuse des épreuves de la vie.

« Allo, c'est toi ? »

Un jour, j'appelle Étienne. Quand il est de bonne humeur (c'est-à-dire souvent), il fait volontiers des blagues. C'est le cas ce jour-là. Et à mon : « Allo, c'est toi Étienne ? », il répond majestueusement et lentement, sûr de son effet : « Absolument ! » Puis il se tait, attendant la suite. J'éclate de rire. Tout est dit en matière de tranquille affirmation de soi...

Fils unique

Je suis à Sainte-Anne, face à un patient que je vois pour la première fois. Il a connu une belle réussite profession-nelle, il est très performant dans son métier, mais usé par l'anxiété et la crainte permanente du faux pas et d'un destin brutalement contraire. Il travaille dans la finance, et puise dans cet univers tout un tas de comparaisons qui m'enchantent, en plus d'être très parlantes. Celle-ci, par exemple : « Mes parents me valorisaient beaucoup. Mais j'étais fils unique. Alors, vous comprenez, c'est un peu comme travailler dans une entreprise en situation de monopole : il n'y a pas de concurrence, on est dans un mar-ché fermé. Et quand le marché s'ouvre, on souffre. » Et il en souffre, il en souffre, depuis qu'il est devenu grand, de cette estime de soi haute mais fragile. Il est paradoxale-ment usé par ses succès. Parce qu'il pense qu'en cas d'échec, il deviendrait brutalement minable. Il va y avoir du boulot. Du boulot psychothérapique, je veux dire...

Cancres et enseignants

Lors d'une rencontre en librairie, dans une ville du Sud. Après un petit exposé sous forme d'échange avec un journa-liste, les questions des participants. Nous venons de parler des pressions sociales excessives sur l'estime de soi. Une dame lève la main. Mais ce n'est pas une question. « Juste une anecdote pour aller dans le sens de ce que vous venez de dire », précise-t-elle. Super, j'adore ça : je n'ai pas à cher-cher de réponse, juste à savourer le récit. « Je suis institutrice à la retraite, et je croise parfois dans la rue d'anciens élèves. En général, ils viennent gentiment me saluer et me parler. Et certains me disent : "Madame, vous ne devez pas vous souvenir de moi, je n'étais pas un bon élève..." Comme si nous ne nous souvenions que de nos bons élèves ! Comme si notre mémoire hiérarchisait les visages en fonction des performances. Je rassure l'élève, je lui explique que je me souviens de lui même s'il n'avait pas de si bonnes notes. Et que d'ailleurs, souvent, ce n'est pas de ses notes dont je me souviens, mais de petits détails qui n'ont rien à voir avec sa performance scolaire... » C'est drôle, l'impression de ces élèves en difficulté que les profs accordent à leur personne moins d'importance qu'à celle des bons élèves. Et c'est réconfortant d'entendre cette dame nous rassurer : non, on ne marque pas seulement les personnes que l'on croise par son excellence et sa compétence. Il y a tant d'autres choses en nous qui nous rendent estimables, attachants et mémorables...

Ascension

L'Ascension, c'est le jour où Jésus est monté au Ciel. Moi, le jour où ça viendra (si ça vient ; pas la mort, mais la montée au Ciel), j'aimerais bien faire comme dans le poème de Francis James, *Prière pour aller au Paradis avec les ânes* :

« Lorsqu'il faudra aller vers vous, ô mon Dieu, faites
Que ce soit un jour où la campagne en fête
Poudroiera. Je désire, ainsi que je fis ici-bas,
Choisir un chemin pour aller, comme il me plaira,
Au Paradis où sont en plein jour les étoiles.
[...]
Et faites que, penché dans ce séjour des âmes,
Sur vos divines eaux, je sois pareil aux ânes

Qui mireront leur humble et douce pauvreté
À la limpidité de l'amour éternel. »

J'aime bien les ânes. Les vrais. Et même tous les autres, tiens.

PS : après avoir publié cette note sur mon blog, je recevais ce petit commentaire d'un habitué (il se surnomme lui-même le Moine fou) : « Christophe, je comprends aussi votre amour des ânes puisque vous en êtes un, mais un âne charitable, ce qui ne court pas les rues. Signé : un âne en peine, le même fou que d'habitude. » Tandis que mon ami Pierre me rappelait de son côté la réplique de Prévert à Francis James : « Moi je préférerais rester sur terre avec les ânes... »

Le bowling

Ce dimanche après-midi, j'ai conduit une bande d'enfants au bowling : mes filles, mes neveux, des copains et des copines... Créneau d'âge : 8 à 12 ans. Je m'installe en retrait de la piste et je les laisse se débrouiller. Je suis ravi de l'occasion et j'observe de loin. Le bowling est un test grandeur nature pour l'estime de soi. On y est confronté à une performance : lancer la boule assez droit pour qu'elle ne quitte pas la piste et assez fort – pas évident quand on a huit ans – pour qu'elle arrive jusqu'aux quilles. Et cette performance se déroule sous le regard d'un groupe, disons... extraverti, qui n'hésite pas à commenter bruyamment et à communiquer son admiration ou ses moqueries, même gentilles. Certains enfants sont un peu crispés dans ce contexte. Lorsqu'ils ratent leur coup, ils se retournent, honteux ou furieux. Plusieurs refuseront une seconde partie, préférant la position plus confortable d'observateurs

commentateurs. Petites fragilités de l'estime de soi, normales dans ce contexte ouvertement compétitif et comparatif.
Mais d'autres sont à l'aise, étonnamment. Ils ratent totalement leur coup ? Ils se retournent en riant. On les chambre ? Ils lèvent les bras comme s'ils venaient de réussir un
beau geste, alors que la boule est en train de rouler lamen-
tablement dans les rigoles latérales. Mais eux ne se sentent
pas lamentables. Ils ont raison. Rien de simulé dans leur
attitude. Ils ne font pas semblant d'être indifférents. Ils le
sont. Heureux de réussir un bon coup, amusés lorsqu'ils
n'y arrivent pas. Ils ne se sentent pas globalement honteux
et dévalorisés sous prétexte qu'ils ne savent pas bien jouer
au bowling. Bonnes bases pour l'estime de soi. Quant aux
autres, il va leur falloir continuer de muscler leur indifférence aux succès et aux échecs. Nous avons toute la vie
pour cela...

La mort de François-Joseph Ier d'Autriche

Lorsqu'il meurt à Vienne, en 1916, l'empereur François-
Joseph, mari de la célèbre Sissi, est conduit à l'église des
Capucins pour y être inhumé. Son cercueil est précédé par
cent cavaliers montés sur des chevaux noirs, et par cent
autres montés sur des chevaux blancs. Lorsque tout cet
équipage arrive à la porte de la crypte, un héraut d'armes
s'avance parmi les moines et demande : « Ouvrez ! Je suis
Sa Majesté l'Empereur d'Autriche, roi de Hongrie. » La
porte reste close. Le héraut recommence : « Ouvrez ! Je suis
Sa Majesté Impériale et Apostolique, François-Joseph Ier,
par la grâce de Dieu empereur d'Autriche, roi de Hongrie et
de Bohême, de Dalmatie, de Croatie, de Slavonie, de Gali-
cie, de Lodomérie et d'Illyrie ; roi de Jérusalem ; archiduc
d'Autriche ; grand-duc de Toscane et de Cracovie ; duc de

Lorraine, de Salzbourg, de Würzburg, de Franconie, de Styrie et de Carinthie, de Carniole et de Bucovine ; grand prince de Transylvanie ; margrave de Moravie ; duc de Haute et de Basse Silésie, de Modène, de Parme, de Plaisance et de Guastalla, d'Auschwitz et de Zator, de Teschen, du Frioul, de Raguse et de Zara ; comte princier de Habsbourg et du Tyrol, de Kybourg, de Gorizia et de Gradisca ; prince de Trente et de Brixen, de Berchtesgaden et Mergentheim ; margrave de Haute et de Basse-Lusace, Margrave en Istrie ; comte de Hohenems, de Feldkirch, de Bregenz, de Sonneberg ; seigneur de Trieste, de Kotor et de la Marche de Windisch ; grand voïvode de la voïvodie de Serbie. » La porte demeure close. Dernière tentative : « Ouvrez ! Je suis François-Joseph, humble pêcheur, et je demande humblement la grâce de Dieu. — Tu peux entrer », répond alors le grand prieur. Et la porte s'ouvre enfin. Moralité : dans la mort comme dans la vie, inutile de bomber et surbomber du torse pour passer certains obstacles ; l'humilité, souvent, conviendra mieux.

« Tiens-toi droit(e) ! »

Notre état mental s'exprime largement au travers de notre corps. Par exemple, lorsqu'on est triste, on a tendance à baisser les yeux, à parler plus lentement, d'une voix plus grave. Et ce que de nombreuses études scientifiques montrent aussi, c'est que la manière dont nous nous tenons (que notre posture soit droite ou voûtée, etc.) influence en retour notre mental. Si l'on fait par exemple remplir des questionnaires de satisfaction existentielle à des volontaires, on obtient des résultats différents selon qu'on leur a fait passer ces questionnaires sur une petite table basse, qui les force à se voûter et à se rabougrir, ou sur un pupitre assez haut, leur permettant de tenir tête et corps bien droits. Remplir le questionnaire dans une posture repliée modifie la satisfaction à la baisse et, à l'inverse, le remplir dans une posture droite pousse à la hausse. Quand vos parents vous disaient : « Tiens-toi droit(e) ! », vous rica-niez ? Vous aviez l'impression que cela ne servait à rien ? Eh bien, vous aviez tort. Au fait, j'espère que vous n'êtes pas en train de lire ces pages tout(e) avachi(e) ?!

Petite prière pour l'estime de soi

C'est une de nos amies qui doute beaucoup d'elle. Elle a lu mes livres, les aime bien et fait des efforts pour s'affir-mer et s'estimer davantage. Mais, de temps en temps, il y a des passages plus difficiles. Un jour, elle raconte en riant à mon épouse ses états d'âme peu avant une négociation pro-fessionnelle délicate et importante : « Je n'en menais pas large. Alors j'ai fait dans ma tête une petite prière à saint Christophe-de-l'Estime de soi. Et j'ai relu quelques pages de ses Évangiles. » Désolé, ça me glorifie un peu, cette anec-dote, mais c'est mignon, non ?

Entendre crier « Papa » dans la rue

Ça fait toujours drôle de s'entendre appeler dans la rue. Je vous en parle parce que ça m'est arrivé l'autre jour : alors que j'étais loin de la maison (à Nancy, belle ville), j'entends tout à coup la voix d'une de mes filles qui m'appelle. Enfin, je le croyais : c'était bien une fille qui appelait son père, mais ce n'était pas moi. Lorsque j'entends crier « Papa ! », je me retourne toujours. Et pres-que toujours, ce n'est pas papa Christophe qu'on appelle, mais un autre papa. Pas grave, je me sens proche alors et du père et de l'enfant. Ce n'est pas du narcissisme, d'avoir le réflexe de se croire le seul papa, mais ça rappelle tout de même qu'il y a un sacré nombre de « papa » (et de « maman ») aussi sur cette Terre. Et ça rappelle aussi, gentiment et en douceur, d'ouvrir les yeux de l'esprit sur l'universel de la condition humaine. J'aime ça, ces petites surprises qui débouchent sur de grandes prises de conscience. Mais, d'ailleurs, il ne s'agit pas que de condition humaine, puisque, rapportant cette anecdote sur mon blog, j'ai eu plusieurs commentaires d'internautes me racontant qu'il leur arrivait la même chose avec aboiements de chiens ou miaulements de chats, ou même hennissements de chevaux (d'accord, on en entend moins dans les rues) : c'est le lien et l'amour qui font qu'on sursaute et se retourne dans tous ces cas. Et ce n'est donc pas du nombrilisme, du souci de soi, mais de l'affection, du souci de l'autre.

Perdre confiance en soi

L'actrice Judith Godrèche a globalement été gâtée par la vie : belle, intelligente, aimée par ses parents, ayant connu très tôt le succès. Du coup, c'était trop, comme elle le reconnaît dans une interview : « Ça me donnait une assurance un peu pédante. » Comme un excès d'estime de soi… Puis elle a grandi et compris : « Beaucoup de gens disent : "J'ai mis du temps à prendre confiance en moi", moi j'ai mis du temps à perdre confiance en moi. » Elle a ainsi dû parcourir le chemin inverse de celui de la plupart de mes patients.

Les infirmières de la consultation,
à l'hôpital

Elles sont fortes, mes infirmières. Je dis « mes » infirmiè-res comme elles disent « nos » médecins : de manière affec-tueuse, et pour traduire notre proximité, comme on dit « mes » cousins, « mes » parents, « mes » voisins... Elles sont géniales. Il faut les voir rassurer les patients anxieux, consoler les déprimés, ramener doucement à la réalité ceux qui souffrent de schizophrénie. Lorsqu'elles participent à nos thérapies de groupe, leur présence rassure beaucoup les participants, que nous autres psychiatres n'hésitons pas à confronter parfois à des réalités difficiles, par des mises en situation les confrontant à leurs peurs, ou par des expli-cations qui ne leur font pas toujours plaisir. Elles ont donc toutes les raisons d'être fières d'elles. Et pourtant, elles dou-tent beaucoup. Lorsqu'elles doivent préparer un exposé pour un congrès, elles se demandent si elles n'auront pas le trac. Dès qu'une radio ou une télé projette de les inter-viewer, elles s'inquiètent de ne pas avoir de choses assez intéressantes à dire. À chaque fois, ça se passe bien, pour-tant. Mais elles ne se sentent pas à leur place dès qu'on les met sous les projecteurs. Question de société : la nôtre valo-rise beaucoup les médecins, et pas assez les infirmières. Elle reconnaît leur importance, mais ce n'est pas la même chose. Elle ne les glorifie pas. Pourquoi n'y a-t-il pas des statues d'infirmières devant les hôpitaux, des noms d'infir-mières donnés aux rues ou aux places publiques ? Ce serait bon pour l'estime de soi de nos infirmières. Et surtout, ce serait mérité.

Mon père à l'entrée de la librairie

La scène se passe il y a maintenant quelques années. Je donne une petite conférence et une séance de signatures à la librairie Privat, à Toulouse. J'aime beaucoup revenir dans cette librairie, que je hantais lorsque je faisais mes études de médecine, et que je venais ici chercher des livres d'anatomie ou de physiologie. Pendant la rencontre, qui se tient dans la belle cave voûtée de briques roses, je reconnais beaucoup de visages dans la salle : amis, anciens patients, membres de ma famille. Ma mère est là, bien sûr (mes parents habitent toujours à Toulouse). Pas mon père. Il est évidemment venu, pour profiter du passage du fiston. Mais il se tient à la porte, et accueille les visiteurs, comme un maître de maison (il n'a pourtant aucune action dans la librairie !). Un peu plus tard, je lui demanderai : « Mais pourquoi n'es-tu pas allé t'asseoir ? » et lui de me répondre, un peu gêné : « Il y avait tellement de monde, des gens qui ne pouvaient pas entrer. Je ne voulais pas prendre une chaise, je voulais que d'autres puissent en profiter... » Un peu fier aussi de dire au passage : « Entrez, entrez, c'est mon fils qui parle. » Mais ça, nous n'en discuterons jamais. Même si chacun des deux était ravi de la présence de l'autre. Question de pudeur. Mon père est mort depuis, mais le revoir accueillir mes lecteurs, tout souriant dans sa grande veste à carreaux, me fait sourire aujourd'hui, à des années de distance.

Bernanos

« Il est plus facile que l'on croit de se haïr. La grâce est de s'oublier. » C'est une lectrice qui m'envoie cette citation, tirée des dernières pages du *Journal d'un curé de campagne*, de Georges Bernanos, écrivain aujourd'hui un peu délaissé. Nous correspondons régulièrement. Ou plutôt, elle a la gentillesse de me raconter pas à pas ses combats pour surmonter ses angoisses et ses doutes, sur de longues et belles pages. Et je lui réponds de mon mieux, brièvement, depuis mon ordinateur de Sainte-Anne. Ses récits m'intéressent et me touchent beaucoup : elle écrit avec élégance, sait traduire la complexité de ses états d'âme, et ne cache rien de ses difficultés pour se rapprocher du bien-être psychique. Après la parution d'*Imparfaits, libres et heureux*, elle m'envoie donc cet extrait de Bernanos. À propos de la dernière partie de mon livre, qui parle précisément de l'oubli de soi, qui est l'aboutissement du travail sur l'estime de soi. Pas l'oubli par négligence ou répression, mais l'oubli par élévation : regarder plus haut et plus loin que soi, sans se renier. Tout un programme...

Les panneaux routiers à Chambéry

Comme beaucoup d'auteurs, on m'invite à donner des conférences aux quatre coins de France. J'aime beaucoup parler en public de ce que je fais et de ce que je connais. J'accepte aussi souvent que possible ces invitations. Me voilà donc à Chambéry, invité par les représentants sympathiques et dynamiques d'une association culturelle locale. Nous bavardons dans la voiture qui est venue me chercher à la gare. Tout en parlant, je regarde les rues, les passants, les maisons. Tout à coup, je sursaute. Il me semble avoir vu, sous un panneau routier indiquant les villes voisines, Annecy, Albertville, un panneau avec la direction « Estime de soi ». Je respire pour me détendre, je suis sans doute un peu surmené et obsédé par le sujet, en ce moment. Quelques minutes après, mes hallucinations recommencent : un nouveau panneau « Estime de soi ». Épaté, je le montre à la dame qui me conduit vers la salle de conférences. Elle prend un air désolé : « Oui, nous sommes désolés, à la mairie, ils ont oublié de mettre votre nom sur le panneau... » Je suis ravi des panneaux, mais plutôt soulagé qu'il n'y ait pas mon nom. Au-delà d'un certain seuil, l'excès d'exposition et de médiatisation m'inquiète et me culpabilise, au lieu de me réjouir. Mais les panneaux ont fait leur effet : le soir, la salle est comble, et on doit remplir deux petites salles annexes, avec une retransmission sur écran vidéo, comme dans une émission télévisée en duplex. Nous avons tous une si grande soif de mieux comprendre la psychologie...

Acceptation de soi et permis de conduire

En entretien à Sainte-Anne. Une de mes patientes, que j'ai soignée il y a quelques années pour une phobie sociale sévère et qui va beaucoup mieux, continue de venir me voir une ou deux fois par an, pour son suivi. Lors de ce suivi, nous abordons souvent ses problèmes d'estime de soi. C'est un grand chantier qu'elle fait patiemment et efficacement avancer, année après année. Comme elle est très anxieuse, et qu'elle doute souvent d'elle, il y a toujours des petites choses contre lesquelles elle doit se bagarrer. Elle me raconte aujourd'hui comment elle a du mal à passer son permis de conduire. Car elle est très inquiète, pas seulement lors de l'examen, qu'elle a déjà raté deux fois, mais aussi pendant les leçons avec le moniteur d'auto-école. Inquiète, et surtout entravée par elle-même et ses pensées négatives. « J'ai tout de même un peu honte d'être une des plus âgées de mon cours. Je suis très gênée à l'idée de l'exaspérer, ce pauvre moniteur, tant je conduis mal. Ça doit être un supplice pour lui d'avoir une élève aussi peu douée que moi. » Je lui demande si le moniteur se plaint, s'il soupire, s'il boude... Non, il est toujours calme et gentil avec elle. Mais elle pense que c'est au prix de gros efforts. Et que si elle abandonnait, il serait soulagé et ravi. Aucun argument pour étayer cette conviction. Plutôt que de la rassurer, de lui dire que non, qu'elle ne doit pas si mal conduire, que le moniteur en a vu d'autres, etc. (tout ça a déjà été essayé par son entourage, ça ne marche pas : la basse estime de soi est insensible à ces arguments), je prends la voie opposée. Il faut qu'elle accepte d'être une « mauvaise élève » au volant, et qu'elle accepte que cela puisse gêner le moniteur. « C'est possible qu'il vous trouve vraiment mauvaise. En tout cas d'après ce que vous me racontez de votre conduite, il pourrait. Mais comme ça ne dépend pas de vous, inutile de vous en vouloir. Ce qui dépend de vous, c'est de rester telle que vous êtes dans la vie, pendant les leçons : souriante, gentille, avec de l'humour. Vous pouvez lui en parler, de vos doutes, en faisant de l'humour sur vous, genre : j'espère que vous n'êtes pas trop désespéré lorsque vous me voyez arriver au cours ! » Elle rit. Nous parlons d'une autre stratégie psychologique pour affronter ces leçons de conduite : s'accepter très imparfaite en matière de conduite, mais ne plus se faire *en plus* du souci pour les états d'âme du moniteur. Ce n'est pas facile pour elle, car elle a toujours le souci de l'autre. Il me tarde de la revoir dans quelques mois. Aura-t-elle réussi à s'accepter « mauvaise » conductrice ? Les conducteurs comme elle provoquent certainement moins d'accidents que ceux à trop haute estime de soi. Mais ça, c'est une autre histoire...

Président

Dans mon quartier réside un clochard (je dis clochard et non SDF, car il est plutôt bien intégré, il me semble ; en tout cas, autant qu'on peut l'être lorsqu'on vit dans la rue). Il bavarde souvent à la sortie des cafés et des commerces avec des passants qu'il connaît et croise chaque jour, comme les employés de la voirie (je n'ose plus dire « balayeurs », on a l'impression de les insulter en les appelant comme ça ; et puis, ils sont maintenant souvent équipés, certains jours, de petits camions à arroser, alors il faudrait dire « balayeurs-arroseurs »...). L'autre jour, en passant, j'entends leurs saluts, plutôt joyeux : « Salut monsieur le Président ! » lançait le balayeur (oups...). « Salut patron », répondait le clochard. Ce détournement de titres et de fonctions m'a ravi. Je n'y ai vu aucune ironie ni aucune amertume : juste une manière, dans un même mouvement, de se marquer de la considération et de se moquer des puissants.

PS : alors que je racontais cette anecdote sur mon blog, j'ai reçu cette belle citation de Fernando Pessoa de la part d'un internaute (merci Alain) : « Oui, être clochard et mendiant, à ma manière, ce n'est pas être clochard et mendiant de la façon commune : c'est être isolé dans l'âme, c'est cela qui est être clochard, et mendier cette aumône, que les jours passent, et nous laissent, voilà qui est être mendiant » (*Le Gardeur de troupeaux et autres poèmes*).

Faire semblant

Le même clochard, quelques jours ou semaines plus tard.
Il marche dans la rue avec un cartable ; ça fait drôle de le
voir avec un cartable. Que va-t-il en faire ? Il marche tout
doucement, lentement, en le portant avec attention, comme
un écolier. Le soir, en rentrant du travail, je le vois adossé
à son coin de mur habituel, mais le cartable n'est plus là.
Juste les canettes de bière sur le rebord du mur. Je me sens
tout triste pour lui. S'il marchait si lentement ce matin,
c'est juste parce qu'il savait qu'il n'allait nulle part, qu'il
voulait retarder le plus possible ce moment douloureux où
il devra s'avouer qu'il n'a rien à faire, et que son beau cartable ne lui sert à rien. Je repense à certains de mes
patients chômeurs qui me racontent qu'ils font semblant de
partir au travail le matin, traînent toute la journée dans un
quartier loin, loin de chez eux, et rentrent le soir ; juste
pour que personne ne sache...

La Merveille

Avoir été « La Merveille » à un moment de sa vie... Une
amie me raconte un jour qu'on l'appelait ainsi dans sa
famille, où elle était la seule enfant : fille unique, petite-fille
unique, nièce unique. Couverte d'affection et d'attentions.
Mais ça ne lui a pas pesé, me dit-elle : « Au contraire, ça
m'a sauvée sans doute. Vu mon hérédité (beaucoup des
membres de sa famille ont souffert de tendances dépressi-
ves et suicidaires sévères, dont elle a en partie hérité), j'en
ai eu bien besoin pour me souvenir, dans des moments difficiles pour moi, que j'avais le droit de vivre, et que j'étais
digne d'amour. »

Une page de publicité

Je suis admiratif du génie cocasse et pénétrant de l'écrivain Éric Chevillard, et notamment celui qu'il cultive dans son blog *L'Autofictif*, où il esquisse quotidiennement, en quelques mots, la vie mentale des anxieux, des timides, des personnes qui doutent d'elles-mêmes. Bref, des humains. En voici trois passages. Le premier raconte avec drôlerie une des affres des personnes à estime de soi fragile, que l'on perçoive et dévoile leurs lacunes supposées : « Autrui est un examinateur redoutable, soucieux avant tout, semble-t-il, de sonder nos lacunes ; ainsi, lorsque l'on me présente quelqu'un, je n'ai qu'une crainte – mais terrible –, c'est que tout à trac il me demande de lui parler des Celtes. » Le deuxième décrit l'appréhension qui saisit ces mêmes personnes face à toutes les *choses à faire*, et qu'elles ont, bien entendu, peur de *mal faire* : « Dans la nuit, la tête sur l'oreiller, au lieu de dormir, je songe à tout ce qui m'attend le lendemain. J'accomplis en pensée tous les gestes et tous les actes qu'il me faudra exécuter, je prépare les phrases qu'il me faudra dire. Au matin, je me lève épuisé, et je passe ma journée à attendre en le savourant à l'avance le moment où je pourrai poser ma tête sur l'oreiller, remonter sur moi le drap et m'endormir. » Et le troisième nous parle d'amour filial et d'autorégulation de l'estime de soi : « Il faudrait que je me tienne vraiment en très haute estime pour ne pas trouver légèrement excessive malgré tout la jubilation de ma fille à chaque fois que j'apparais. » Il faut soutenir les génies, achetez le livre de ses chroniques : *L'Autofictif*. Et aussi tous les autres (*Mourir m'enrhume*, *Démolir Nisard*, etc.).

Leçon de psychothérapie

J'aime bien recevoir des leçons, plus encore qu'en donner. L'autre jour, j'ai reçu une leçon de psychothérapie de la part d'un musicien. Juste avant une conférence à Reims, où j'avais parlé des états d'âme, un petit concert avait eu lieu. Après la soirée, il y avait un cocktail avec les organisateurs et quelques-uns de leurs amis et invités. Je bavardais avec le guitariste et compositeur du groupe, lorsqu'une dame s'approche, et commence à me raconter ses problèmes avec un de ses enfants. Je vous passe les détails pour ne pas trahir de secret, même si ce n'était pas une consultation. Mais, en gros, ça se passait très mal, et elle en souffrait beaucoup. Le souci, c'est qu'il était déjà 23 heures, que j'étais fatigué par ma semaine, le voyage, la conférence : je n'avais plus de jus (comme on dit lors d'un match de rugby). Je voyais bien que ce n'était pas simple, qu'il aurait fallu, avant de la conseiller, comprendre l'histoire de leur relation, tout ce qu'elle n'avait pas fait, ce qu'elle avait mal fait, ce qu'elle aurait pu faire, ce que son enfant lui permettrait ou non de faire… Trop long, trop compliqué… Pas envie, pas ici, pas maintenant… Je me triturais ainsi l'esprit, en me disant : « Tu ne peux pas non plus laisser cette pauvre dame sans réponse et sans soutien », lorsque le jeune guitariste, qui avait été mêlé à la discussion, intervint, avec un bon sourire : « C'est vrai, il vous fait du mal, mais vous savez, on ne s'en prend jamais qu'à nos proches : plus on aime, plus on fait souffrir. » Le visage de la dame s'éclaira un peu. Rien n'était changé, mais cette simple phrase avait porté. Intelligente : elle ne niait pas la réalité des souffrances, mais elle les replaçait dans un contexte moins absurde et moins douloureux. Une belle intervention psychothérapique. J'étais ravi, et soulagé. Pas du tout vexé que ça ne soit pas venu de moi. Et j'ai pleinement savouré cette leçon de simplicité et de naturel.

Esprit de repartie

Je n'ai jamais eu le sens de la repartie. Je ne trouve la formule qui fait mouche que des heures ou des jours après. Aucun « esprit » comme on disait au XVIIIe siècle : je n'aurais jamais pu faire carrière à la cour, du temps où il y avait des rois et des reines. Je le vois bien d'ailleurs, même en République : je ne suis pas à l'aise dans les dîners mondains. Mais d'autres en ont, de la repartie. Par exemple, David, mon prof d'anglais. L'autre jour, il m'a bien fait rire en me racontant l'histoire suivante : c'est dans une bibliothèque où il se rend régulièrement. La bibliothécaire est très à cheval sur le règlement, un peu rigide par exemple sur les horaires. On ne peut plus emprunter de livre un quart d'heure avant la fermeture ; le soir, c'est donc 18 h 45. Ce jour-là, David passe au comptoir à 18 h 46 avec une pile de livres à emprunter sur les bras. La dame lui fait remarquer sèchement qu'il est trop tard. David, qui est brillant et agaçable, sent monter la colère, mais au lieu d'agresser ou d'en rabattre (hérisson ou paillasson) il déstoche un trait d'esprit : « *You're depriving yourself of grace !* » (Vous perdez toute votre grâce !) J'adore et j'admire. Pas de critique directe, négative, sur la mesquinerie du comportement. Mais une critique indirecte, élégante, sur la grâce dont ce comportement prive la personne. Trop fort, trop fin ! Autrefois, je rêvais d'acquérir ce don. Mais c'est trop loin de mes compétences de base. Et trop coûteux : cela suppose d'être toujours réactif, toujours aux aguets, en quête du défaut de la cuirasse de l'autre. Fatigant. Je sais que la friction de l'humour peut faire réfléchir, que sa morsure peut aider à changer autrui. Mais je préfère pour cela la gentillesse : c'est peut-être plus lent, mais ça marche souvent à la longue, et c'est aussi plus reposant.

Défilé du 14 Juillet

« La musique qui marche au pas, cela ne me regarde pas », chantait Brassens. Mais le défilé du 14 Juillet titille en général l'estime de soi des mâles, grands et petits : roulements de tambours, bombements de pectoraux, démonstrations de force, de patriotisme, d'aptitude à se défendre si on nous cherche la bagarre... Le monde étant ce qu'il est, pourquoi pas, en effet, disposer d'une armée ? Mais, derrière cet étalage d'estime de soi, la peur n'est pas très loin : ce qui fait qu'on a envie de parader et de se montrer fort, c'est qu'on se sait faible, ou plutôt qu'on sait bien qu'il peut exister, et arriver brutalement, un plus fort que nous. Angoisse sourde. Surtout qu'on se souvient que, dans le passé de notre pays, c'est arrivé assez souvent. Soulagement que cela soit du passé. Mais soulagement inquiet : et si ce passé revenait ? Allez, on va défiler pour se rassurer et se convaincre...

Ne pas faire de peine

En 2006 eut lieu la dix-huitième coupe du monde de football. Lors de la finale Italie-France, le célèbre Zinedine Zidane balança son non moins célèbre coup de tête au défenseur adverse, le tatoué et retors Marco Materazzi. Mais mon anecdote préférée dans cette compétition reste liée au quart de finale entre l'Allemagne et l'Argentine. Alors que les Allemands venaient de remporter le match après une série de penalties, leur gardien de but Jens

Lehmann, pourtant héros de la fin de partie (il avait bloqué deux tirs au but des Argentins, et donc fait gagner son équipe), file en courant pour s'engouffrer dans les vestiaires, au lieu de rester sur le terrain à galoper, chanter et parader sur le terrain avec ses coéquipiers. Il veut rejoindre Oliver Kahn, l'autre gardien de l'équipe d'Allemagne, pour le remercier de ses encouragements et conseils avant ce match décisif, malgré leur rivalité sportive. Et il veut aussi lui éviter une blessure supplémentaire d'estime de soi. Interrogé par la presse sur ce geste étrange, l'entraîneur allemand devait préciser le lendemain : « Lehmann savait qu'en restant sur le terrain, il serait porté en triomphe. Il n'a pas voulu tirer la couverture à lui, et il a surtout tenu à respecter Kahn, à le rejoindre dans l'humilité. C'est pour ça qu'il a filé. » Un bon gars, ce Jens...

Prix littéraires, félicitations, vainqueurs et vaincus

J'ai lu un jour cette expression de Frédéric Beigbeder : « L'effet atroce des prix sur ceux qui ne les ont pas. » Je me suis souvenu en la lisant, d'une petite scène qui m'avait beaucoup marqué alors que j'étais étudiant en médecine à Toulouse. C'était mon premier stage d'externat, dans le service universitaire de médecine interne, à l'hôpital de Rangueil. Chaque jeudi matin avait lieu la réunion de service : autour d'une grande table pour discuter des dossiers de la semaine, tous les soignants étaient réunis – patron, agrégé, chefs de clinique, internes, externes, surveillantes et infirmières. Un jour, peu après les résultats de l'internat, concours auquel s'étaient présentés deux des vieux externes en stage dans le service, le patron félicite publiquement celui qui était reçu, alors que l'autre, qui baissait tristement la tête, avait échoué de peu. Je me souviens de mon embarras et de mon empathie pour le vaincu. *Vae victis* : malheur aux vaincus. Douleur de la défaite, et douleur du regard sur la joie et les parades des vainqueurs.

Honte

Nietzsche, dans *Le Gai Savoir* : « *Qui appelles-tu mauvais ?* — Celui qui veut toujours faire honte. *Que considères-tu comme ce qu'il y a de plus humain ?* — Épargner la honte à quelqu'un. *Quel est le sceau de la liberté conquise ?* — Ne plus avoir honte de soi-même. »

Les Sims

Mes filles adorent ce jeu de simulation sur ordinateur qui s'appelle les Sims. Il s'agit de faire vivre des personnages, de leur obtenir un travail, une maison, des amis, de définir leur personnalité et de les faire vivre dans toutes sortes d'environnements quotidiens. Rassurante, l'existence de ce jeu : ni coups, ni guerres, ni destructions, ni conquêtes. Je demande à mes filles de m'expliquer un peu comment ça marche, et ce qui leur plaît dans ce jeu. Et je comprends qu'il faut rendre ses personnages aussi riches (pour avoir une belle vie matérielle) et aussi populaires (ça donne des points de popularité ou quelque chose comme ça qui est bon pour leur moral, car si votre personnage déprime, cela vous cause plein d'ennuis...) que possible. C'est donc une caricature des deux grandes nourritures de l'estime de soi : sentir que l'on réussit ce que l'on entreprend et se sentir apprécié des autres. La simplification matérialiste que donne le jeu de cette quête est un peu raide. Cependant, l'essentiel y est : les Sims nous parlent bien d'estime de soi, d'où leur succès. Simplement, cet univers où tout est affaire de calculs et de manœuvres est privé d'âme...

Sclérose en plaques

En signature dans une Fnac. Dans la file de mes lecteurs, venus bavarder et faire dédicacer leurs livres, une jeune femme qui s'appuie sur une canne. Lorsque nous commençons à parler, elle me raconte qu'elle a une sclérose en plaques, que mon livre lui a fait beaucoup de bien, et qu'elle est venue pour me remercier. Elle me parle rapidement et sobrement, sans se plaindre, de sa maladie, du choc lorsqu'on lui a annoncé le diagnostic, de ses douleurs, ses handicaps, de ce corps qui lui échappe. Sa fragilité est perceptible, ses émotions sont lisibles sur son visage. Je lui souris, j'essaye de la réconforter, je la félicite pour son courage, nous parlons un peu de la maladie. Puis, elle voit que d'autres attendent leur tour, et elle prend congé, en me remerciant à nouveau. Je suis ému, triste et admiratif. Et tout à coup honteux, en la voyant s'éloigner en boitant. Je m'en veux de ne pas m'être levé, de ne pas l'avoir embrassée, de ne pas avoir fait un geste plus fort que mes simples paroles. De ne pas lui avoir donné davantage d'humanité. Les mots ne suffisent pas parfois. En tout cas, là, ils étaient si loin de ce que je ressentais... Admiration et compassion. Elle a disparu derrière la porte. Le lecteur suivant m'observe, un peu interloqué par mon silence. Je me tourne vers lui, et nous commençons à bavarder. Le soir, dans le train du retour, je repenserai à la jeune femme. Je pense encore à elle.

L'émission de télévision

Je suis invité à une émission de Jean-Luc Delarue, sur les complexes physiques et la chirurgie esthétique. On me reproche parfois mes passages dans des émissions grand public. Je les regrette rarement : nous pouvons y faire passer des messages qui aident beaucoup de monde, expliquer, déculpabiliser. Celles de Delarue, *Ça se discute* ou *Jour après jour*, ont par exemple aidé à faire comprendre ce qu'étaient les TOC, les phobies sévères, les phobies sociales... Là, c'est un peu plus délicat. Les personnes invitées souffrent de problèmes d'estime de soi, mais tentent de les régler par la chirurgie esthétique. Je ne veux pas faire de la psychothérapie sauvage à des gens qui ne m'ont rien demandé. Mais je ne peux pas non plus ne rien dire, et laisser faire un éloge du bistouri, là où la psychothérapie aurait eu sa place. Mais je m'y prends sans doute mal. Le lendemain, une des journalistes de l'émission me téléphone pour me remercier de ma participation, et me dire que l'émission a eu beaucoup de succès. Qu'il y a eu beaucoup d'appels. Que de nombreuses personnes ont demandé le numéro de téléphone... Je commence à trembler, en pensant au standard de notre service qui va bientôt crouler sous les demandes, aux infirmières de nos consultations qui vont devoir réconforter et orienter des dizaines de patients en demande. Mais non. Le numéro tant demandé, ce n'est pas le mien. Pas du tout. Quel orgueil, et quelle naïveté ! C'est celui du chirurgien esthétique qui était interviewé dans les reportages ! Le bistouri préféré à la psychothérapie...

Moche et grosse

Un autre jour, dans une émission de radio où les audi-teurs appellent et posent des questions, une dame me demande : « C'est bien joli, ces histoires d'estime de soi, mais on fait comment quand on est moche et grosse, comme moi ? » Je bredouille alors quelques phrases de réconfort, décontenancé par la violence de la question. En général, on utilise quelques périphrases pour parler de ce genre de problèmes. Mais là, l'auditrice était allée à l'essen-tiel, franco. Ou du moins à ce qui lui semblait essentiel au moment de son appel : l'envie, tout à coup, d'être belle et mince ; le sentiment que, sans cela, pas de bonheur ni d'estime de soi possibles. Dans ces cas-là, on se dit qu'on n'aurait jamais dû venir causer dans le poste pour ce genre d'émission, on regrette le confort des consultations avec les patients, où on a du temps pour aborder ce genre de ques-tions. Et puis on réfléchit : ce n'est pas si mal non plus de se faire bousculer, de s'entraîner à répondre franchement à ce qui dérange. Je crois bien que c'est à la suite de cet appel et d'autres échanges de ce genre que j'ai commencé à m'intéresser à la notion d'acceptation de soi. Et à relire par exemple le philosophe américain William James, père du concept d'estime de soi, qu'il a décrit dès 1892 : « Étrange-ment, on se sent le cœur extrêmement léger une fois qu'on a accepté de bonne foi son incompétence dans un domaine particulier. » Ou encore : « Qu'il est doux le jour où nous renonçons à rester jeunes – ou minces ! »

« *Hey ! Z'avez vu mon torse ?* »

Deux de mes filles à l'époque où elles jouaient encore à la poupée. Nous sommes aux Pays-Bas, dans une maison que nous avons échangée avec une famille néerlandaise, pendant les vacances de Noël. L'avantage avec les échanges de maisons, c'est qu'on arrive dans un endroit où il y a des vélos, des livres, des casseroles, bref, tout ce qu'il faut pour le quotidien. Et, pour les enfants, des jouets. Cette fois-ci, bonne pioche : les trois petites filles qui vivent là ont des dizaines de poupées Barbie, et des Ken (les Barbie mâles), avec des maisons Barbie, des calèches Barbie, des bateaux Barbie, etc. Nos filles à nous sont ravies, et commencent à jouer. Installé dans un fauteuil à l'autre bout de la grande pièce, je tends l'oreille car je sens que ça devient intéressant : elles sont en train de mimer une scène de séduction. Céleste, ma plus jeune fille, a en main une Barbie princesse, qu'elle fait minauder : « Vous ne trouvez pas que j'ai une jolie robe ? » Mais Louise, son aînée, qui doit faire parler Ken, est moins à l'aise pour trouver quoi dire. Son Ken ne répond que par « oui » ou « non », assez nigaud. Alors Céleste lui remonte les bretelles : « Non, Louise, il faut qu'il drague ma Barbie, qu'il lui dise un truc pour qu'elle tombe amoureuse de lui ! » Alors Louise, perplexe mais concentrée, réfléchit un moment ; elle doit songer à la manière dont se comportent ses cousins, ou les garçons dans les séries télé niaiseuses qu'elle arrive parfois à regarder malgré nos efforts. Tout à coup, son visage s'éclaire d'un grand sourire ; elle a trouvé quoi dire, et s'écrie en agitant son Ken au corps musclé : « Hey, Z'avez vu mon torse ?! » Éclats de rire généralisés. Mais finalement, pas si mal vu, non ? Dans l'univers Barbie, on séduit avec son corps plus qu'avec ses mots. Et dans le nôtre ?

Postiches

Une amie qui travaille dans la pub me raconte comment les fabricants de cosmétiques truquent les spots télé et cinéma vantant les mérites de leurs shampooings. Bien qu'ils aient déjà fait un casting de filles à la très belle chevelure, ils leur rajoutent des postiches pour augmenter encore l'illusion de longueur et de volume (vous savez, quand la fille secoue sa tête de droite à gauche, pour montrer les effets du shampooing, genre « Hey ! Z'avez vu ma crinière ?! »). Indigné, je m'écrie : « Mais c'est de la publicité mensongère ! » Et mon amie : « Oui, mais tout le monde fait ça. » Évidemment, lorsqu'on regarde ensuite ses propres cheveux dans la glace (je ne parle pas pour moi !), on a envie de doubler les doses, d'acheter le soin volumateur, le baume douceur et tout le reste...

Miroir

Une patiente me raconte un jour qu'autrefois on ne laissait pas les enfants se regarder trop longtemps dans les miroirs : « À trop se regarder, on finit par se gâcher ! » Peut-être était-ce aussi pour ne pas qu'ils les cassent, ces miroirs... Mais le moins qu'on puisse dire, c'est que notre époque ne respecte plus guère ces commandements de prudence avec la contemplation de soi. Miroirs, photos, vidéos, FaceBook et autres sites de promotion de l'image de soi pullulent joyeusement. Et alimentent une part bien fragile de notre estime de soi : celle qui est liée à notre apparence physique. Dans le même registre, je lisais récemment dans une revue de sciences humaines que, jusqu'au XIXe siècle, l'Église voyait les anniversaires et leurs célébrations d'un mauvais œil, jugeant qu'il s'agissait d'une forme de péché d'orgueil. Finalement, les sociétés qui nous ont précédés disposaient de mécanismes régulateurs des excès d'estime de soi qui ne marchaient pas si mal.

Donald Trump

Une blague que Matthieu Ricard, que les excès d'ego exaspèrent, m'a racontée sur le milliardaire américain. C'est Donald Trump qui parle de lui, de lui, de lui, encore de lui… Au bout d'une heure, voyant que son interlocuteur commence à fatiguer un peu, il lui propose majestueuse-ment : « Bien ! Assez parlé. Je vous donne la parole : que pensez-vous de moi ? »

Humilité et politique

Dans son célèbre *Livre du courtisan*, publié en 1528, l'écrivain et diplomate Baldassare Castiglione écrit ceci : « On doit toujours être un peu plus humble que ne l'exige son rang. » L'humilité comme politesse des grands et des puissants. Donald Trump n'a pas dû le lire…

Étienne et les bonbons

Encore une histoire de mon ami Étienne. Il me raconte un jour une anecdote sur la confiance inébranlable que lui portait sa mère. Alors qu'il était petit garçon, il l'accompa-gne dans un magasin où elle faisait ses courses. Passant devant une étagère de bonbons, il en chipe un qu'il garde serré dans sa main. Le commerçant l'a repéré et commence à rouspéter auprès de sa mère : « Votre fils vient de me voler des bonbons. » Scandalisée, la maman repousse l'accusation : « Mon fils, un voleur ? Impossible, je ne l'ai pas éduqué comme ça ! » Le commerçant revient à la charge : « Faites-lui ouvrir la main, vous verrez bien ! » Et elle de répondre : « Pas question ! Je sais qu'il ne peut pas avoir volé. » L'altercation se poursuit quelques minutes, et la maman finit par quitter le magasin en tirant son fils par sa main libre. L'autre étant toujours occupée par l'objet du délit… Étienne raconte : « J'étais mort de peur qu'elle ne me fasse ouvrir la main comme le demandait le bonhomme. Mais elle ne me l'a pas demandé, ni devant lui ni après. Elle me faisait totalement confiance. Ou faisait totalement semblant. En tout cas, l'histoire m'a vacciné : je n'ai jamais recommencé. Mais, en y repensant, je me dis que cette confiance aveugle, absolue, qu'elle avait en moi, même au déni de la réalité, c'est un sacré cadeau qu'elle m'a fait. »

PS : cette note, publiée sur mon blog, y provoqua un grand débat. Certains internautes se montrèrent très perplexes sur la moralité de l'histoire : « En lisant cette histoire, l'enfant en moi entend ceci : "Ma mère ne pouvait pas faire d'erreur sur mon éducation. Et elle est prête à mentir pour se prouver qu'elle a raison" » (anonyme) ; « Un cadeau ? Franchement, je ne sais pas. Le soutien du petit garçon dans le magasin, OK, mais le silence après… Ça me met un peu mal à l'aise, non ? » (Dominique) ; « Je rejoins l'avis de Dominique, cependant ce qui compte c'est la leçon qu'en a tirée cet enfant… Je pense qu'il a dû avoir peur et se dire que, tout de même, sa mère avait mis la barre un peu haut. Un enfant a bien le droit à l'erreur, et ce qui est fondamental, c'est de lui témoigner notre soutien et notre confiance malgré ses erreurs. Tout le monde peut se tromper, et les meilleurs sont ceux qui s'en souviennent » (Muslima). D'autres internautes furent admiratifs : « Je trouve l'attitude de la maman d'Étienne aimante et terriblement efficace. Par son silence, le petit garçon se rend compte qu'il a failli perdre la confiance de sa mère et son geste reste à jamais gravé dans sa mémoire. C'est vrai qu'il s'en tire bien, qu'il était certainement un petit garçon attentif et obéissant, mais il n'empêche que d'avoir le soutien inconditionnel de sa mère c'est quelque chose dans une vie… Si par ailleurs les limites sont posées. Le grand Étienne en a-t-il reparlé plus tard à sa mère ? » (anonyme) ; « Est-ce un bien ou est-ce un mal d'avoir été protégé sur ce coup-là ? Nul ne sait, c'est l'avenir qui le dit et le grand Étienne peut aujourd'hui en lire son enseignement, mais c'est tellement propre à chacun… Un autre aurait pu devenir voleur professionnel avec une maman comme la sienne ! » (Gandha). Après tous ces débats, je me sentis obligé de rédiger une petite note : « Pour information, Étienne a bien grandi, et il est devenu un monsieur tout à fait honnête. » Et un bon gars.

La belle dame en soins palliatifs

Nous déjeunons avec Étienne dans un restaurant basque (nous sommes tous les deux des fans du Pays basque). Échange de nouvelles. Il me parle de son travail bénévole en soins palliatifs. Et d'une histoire qui l'a touché. Une femme d'une soixantaine d'années, qui a visiblement été très belle. Et qui l'est encore, malgré la maladie qui va bientôt la tuer. Leur première rencontre est très dense. Elle lui parle beaucoup, lui montre des photos d'elle plus jeune. Lui raconte énormément de choses. À la fin, elle lui dit : « Bien entendu, vous ne parlez de tout ça à personne. » Étienne promet, évidemment. Même sans la promesse, cela va de soi et c'est une règle absolue. Deux semaines plus tard, lorsque Étienne repasse saluer la belle dame, elle ne décroche pas un mot. Elle ne veut pas parler. La dernière fois qu'il vient la voir, elle est toute recroquevillée dans son lit, à cause de la douleur. Elle souffre, son état s'est dégradé. Elle tient contre elle un foulard, comme un ultime doudou. En voyant entrer Étienne dans sa chambre, elle ne dit rien, et place le foulard sur sa tête. Il reste une minute, ne sachant que faire. Se tait, lui aussi. Et sort, bouleversé et désemparé : « Est-ce que j'ai fait une erreur pendant le premier entretien ? Ou est-ce qu'elle n'a pas supporté que je la voie se dégrader physiquement ? » Douleurs d'estime de soi jusqu'au seuil de la mort...

Le répondeur

Un jour de consultations chargé à Sainte-Anne. En voulant téléphoner à un confrère, je vais un peu vite, et compose un faux numéro. Une dame décroche, je découvre mon erreur, et lui explique que je pensais tomber sur mon confrère. Et elle me répond, dans un étrange réflexe : « Ah, désolée d'avoir décroché... » Nous nous saluons poliment et raccrochons. C'est bizarre, mais, au ton de sa voix, je pense qu'elle ne faisait pas du tout d'humour, mais que ses excuses pour avoir décroché étaient sincères, comme un réflexe. Le réflexe des personnes à l'estime de soi fragile, qui craignent toujours d'avoir dérangé ou de s'être trompées. Qui s'excusent pour tout et à tout bout de champ. Ces personnes qui rendent la vie des autres un peu plus vivable et agréable (imaginez une société peuplée uniquement de narcissiques persuadés de leur bon droit et ne s'excusant jamais). Mais qui ne prennent pas assez soin de la leur. Pardon, madame ! La pauvre, par ma faute, elle est peut-être en train de se dire qu'elle a été ridicule, et stupide de s'excuser… Je suis à deux doigts d'essayer de la rappeler pour la réconforter. Mais j'ai peur de faire un faux numéro, puisque je ne sais pas sur quel chiffre je me suis trompé. Et de repartir dans une autre aventure. Je suis déjà en retard dans mes consultations…

« *On nous a volé le sac,*
avec ton dernier livre dedans »

Des cousins qui habitent dans le Nord. Ils sont passés nous voir un dimanche en rentrant chez eux. Ils nous racontent qu'ils s'apprêtent à lire *Imparfaits, libres et heureux*, que d'autres cousins leur ont prêté. Trois jours après, ils me téléphonent pour une autre raison. Et ils m'annoncent que, le soir même, ils ont oublié leur sac dans la voiture. Quelqu'un a cassé la vitre de l'auto et a volé le sac. Avec mon livre. Le lendemain, un clochard du coin sonne chez eux, et leur ramène le sac trouvé par terre. Il y a toujours les papiers (avec leur adresse, qui lui a permis de les retrouver, c'est un clochard dégourdi). En revanche, moindre mal, l'argent liquide a disparu. Et mon livre aussi. Ils me chambrent : « Tu vois, ton livre a intéressé notre voleur ! Imagine s'il l'avait laissé dans le sac, tu aurais été un peu vexé, non ? » Oui, j'aurais été un peu vexé. Ils sont susceptibles, ces auteurs…

Le docteur Morel

Un samedi matin, je reviens du bureau de poste. Je croise notre médecin généraliste. J'ai beau être moi-même médecin, en tant que psychiatre, nous préférons tous, dans la famille, confier notre santé à un « vrai médecin » comme dit ma femme… Nous bavardons quelques instants. Puis il repart faire ses visites, auprès de veilles dames isolées, de vieux messieurs qui ont du mal à marcher. Il repart apporter ses soins et sa gentillesse à toutes ces détresses. Je ne sais pas pourquoi, ce matin-là, je suis submergé par des ondes d'admiration pour notre médecin généraliste. Physiquement ; je les sens dans mon corps. J'éprouve une immense estime pour lui, son métier, notre métier. Ça me fait un bien terrible. Je le regarde s'éloigner tranquillement dans son vieil imperméable bleu marine, trimballant sa grosse sacoche de docteur. Toute cette humanité et cette intelligence qui s'accomplissent chaque jour, dans l'ombre. Je suis content et fier d'être humain et d'être médecin. Je reprends mon chemin vers la maison. Merci, docteur Morel...

« Ne me prenez pas ! »

C'est une patiente très malheureuse et très abîmée en matière d'estime de soi. Elle a d'énormes problèmes de ce côté-là : persuadée qu'elle ne vaut rien, n'a aucun talent, ne peut plaire à personne ni rien faire de bien, à part échouer. Elle ne reste jamais longtemps dans le même travail : soit elle fait correctement le travail mais finit par démissionner, intimement convaincue qu'elle le fait mal ; soit elle le fait effectivement mal, tant elle est stressée, insécurisée, inhibée, crispée, et on la congédie... Elle me raconte comment, lors des entretiens d'embauche qu'elle passe quelquefois (il faut bien payer son loyer), elle s'entend dire dans sa tête : « Ne me prenez pas, ne me prenez pas ! Vous le regretterez ! » Et, évidemment, ça marche, le plus souvent : on ne la prend pas. C'est d'ailleurs un souci de plus pour moi, cette névrose du « je ne mérite pas qu'on me prenne » : car je ne peux pas la prendre en thérapie justement ; trop débordé, je n'ai plus de place pour de nouveaux patients. Alors j'adopte des ruses de Sioux pour qu'elle ne soit pas blessée par mon refus, un de plus dans sa vie. Heureusement que je connais plein de collègues thérapeutes sympas et compétents...

Zorro

L'autre jour, j'ai croisé Zorro dans la rue. Magnifique, avec sa grande cape noire, son masque et son chapeau, l'épée, le fouet, tout y était. Il était tellement superbe que je le lui ai dit. Je me suis arrêté face à lui, j'ai mis mes mains sur les hanches, et je me suis écrié : « Mais c'est Zorro ! Ça, alors ! Quelle belle épée ! Incroyable ! Tu vas à un anniversaire déguisé, Zorro ? » Il m'a répondu que oui, chez son copain Jean-Baptiste, pour ses 5 ans, comme lui. Puis, il a continué sa route au bras de sa maman, ou de sa grande sœur (je ne me souviens plus très bien, c'est surtout lui que j'avais admiré). Il avait l'air ravi de mon étonnement et de mes compliments, et s'est retourné trois ou quatre fois pour vérifier que je le regardais toujours. Pas de problème : je le regardais toujours. J'étais en train de me dire qu'après notre échange, il ressemblait encore plus à Zorro pour de vrai, qu'il avait pris confiance et qu'il habitait pleinement son identité de héros...

Le retour de Zorro

Quelques jours après, nous nous sommes à nouveau croisés dans la rue, Zorro et moi, mais cette fois-ci je ne l'ai pas reconnu : il était « habillé normal ». Mais lui se souvenait de moi (j'étais sans doute vêtu comme la première fois) et il m'a apostrophé : « Hé ! tu ne me reconnais pas ? C'est moi, Zorro ! » J'étais ennuyé de mon erreur diplomatique, mais il n'avait pas l'air vexé, juste content de retrouver un admirateur. Alors je lui ai répondu : « Mais oui, c'est toi, Zorro ! Excuse-moi, j'étais dans la lune, je ne t'avais pas reconnu. Ça va bien ? » Nous en sommes restés là, car sa baby-sitter avait l'air un peu inquiète de la tournure de l'échange, et elle a tiré Zorro par la manche vers l'école. Nous nous sommes fait au revoir de la main. Il avait l'air drôlement content. Avec l'estime de soi ainsi boostée par le rappel de qui il était vraiment, je suis sûr qu'il a levé le doigt toute la journée pour répondre aux questions de la maîtresse. En tout cas, ça m'a fait du bien de le penser...

Alain Souchon

Il n'est pas sas seulement doué pour la chanson, Alain, mais aussi pour l'humilité, comme en témoigne ce passage d'un entretien où il parle de son travail : « En faisant certaines chansons réussies, en étant applaudi par six mille personnes qui crient mon nom, j'ai l'impression d'être légèrement supérieur à moi-même. » Bel exemple à suivre, ce recul lucide, amusé et étonné sur la dilatation de l'ego et de l'estime de soi sous l'effet des encouragements et la popularité.

Se sentir de trop

« Plus profondément je rentre en moi-même, plus attentivement j'examine toute ma vie passée, et plus je me convaincs de la rigoureuse vérité de cette expression. De trop : c'est bien cela... De moi, il n'y a pas moyen de dire autre chose : homme de trop, c'est tout. » Pour en savoir davantage sur le triste héros qui parle ainsi, lisez la célèbre nouvelle de Tourgueniev, *Le Journal d'un homme de trop*. Vous y découvrirez une petite merveille d'introspection, parsemée de nombreuses perles psychologiques. Comme ce passage sur le masochisme moral : « Il est plaisant et douloureux de retourner le fer dans la plaie des vieilles blessures. » Ou cet autre sur la rumination : « Voilà le genre de pensées mi-avortées, mi-exprimées qui me revenaient interminablement, et roulaient dans ma tête en un tourbillon monotone. »

Kafka

Ce pauvre vieux Franz avait été victime toute son enfance d'un père violent, orgueilleux, et méprisant. Il en garda de profondes séquelles toute sa vie. Sur le registre de la détestation de soi : « Chaque jour j'ai besoin d'écrire au moins une ligne dirigée contre moi. » Ou sur celui de l'insondable mélancolie de vivre : « L'image de mon existence est bien rendue par celle d'un poteau inutile, couvert de neige. »

Quelques pensées à propos de l'orgueil

La Rochefoucauld, laconique : « L'orgueil ne veut pas devoir, et l'amour-propre ne veut pas payer. » Rivarol, ironique : « Il faut savoir faire mourir l'orgueil sans le blesser. Car si on le blesse, il ne meurt pas. » Jules Renard, drolatique : « Il est si orgueilleux qu'il se suiciderait pour se rendre intéressant. »

Hontes parentales

Discussion avec deux amis sur les hontes procurées par nos parents. Le premier raconte : son père, un jour, avait serré de trop près la voiture devant lui. Le bonhomme descend pour s'expliquer, et le père fait bloquer vitres et portières à toute la famille ; le gars arrache les essuie-glaces, avec un regard méprisant, et s'en va calmement. Le père tente ensuite d'expliquer à sa femme et ses enfants, qui ont assisté à la scène, pourquoi il n'a pas réagi ; parce qu'on ne sait jamais sur qui on tombe, que c'était peut-être un fou, qu'il était peut-être armé. N'empêche : gros malaise dans la voiture et dans la famille, par rapport à l'image paternelle un peu écornée. Le second ami, lui aussi à propos de son père, et aussi à propos de voiture, nous parle de ce papa qui allait chez les concessionnaires Mercedes se renseigner, faisant semblant d'avoir les moyens de s'en payer une, quittant le vendeur sur un : « Je repasse cet après-midi. » Et ne revenant bien sûr jamais. Ah ! l'estime de soi des mâles et la bagnole ! C'est peut-être pour ça que je préfère rouler en scooter : pour ne pas prendre de risque psychologique...

L'intouchable

À Sainte-Anne, avec un nouveau patient. Il me raconte son histoire, triste, triste : une histoire d'enfant émotif, fragile, sans défenses, qui avait l'habitude d'être rejeté par les autres enfants (au mieux) ou de leur servir de tête de Turc, de bouc émissaire (au pire). Du coup, aujourd'hui, il a du mal dans ses rapports avec les autres, du mal à accorder sa confiance, à imaginer qu'on puisse être bienveillant avec lui, comme ça, sans arrière-pensées. Il me raconte encore

– visiblement ça lui fait du bien – ces souvenirs d'école où ce qui lui faisait peur, ça n'étaient pas les moments de cours, ou de passer au tableau, mais les récréations : là, c'est la loi de la jungle qui règne, les forts peuvent martyriser les faibles, par petits bouts, chaque jour. « Pourtant, me dit-il, parfois des forts me prenaient sous leur protection, des chefs de bande décidaient de me protéger ; je ne comprenais jamais bien pourquoi, mais alors c'était la paix assurée, l'immunité, ça changeait tout pour moi, je me sentais en sécurité. Je devenais un intouchable : pas d'amitié mais pas de violences non plus. » Je ne sais pas pourquoi, tout à coup, je me sens très ému en l'écoutant me raconter ce détail. Il continue son récit mais, pendant quelques secondes, j'ai du mal à l'écouter, je reste « coincé » dans ce qu'il vient d'évoquer : au milieu de toute cette violence dont il a souffert, le fait de savoir que parfois, des « forts » ont décidé sans contrepartie de l'en soulager m'émeut et me réconforte. L'humain, capable du pire et du meilleur, souvent sans raisons claires, sans bien savoir pourquoi...

PS : passionnant commentaire d'un internaute, après publication de ce petit texte sur mon blog : « Existe-t-il des études sérieuses sur les conséquences psychologiques des rejets et humiliations subis dans l'enfance ? Vous écrivez dans votre précédent livre qu'il s'agit des événements les plus dangereux et graves pour l'équilibre psychologique : "un profond instinct nous signale qu'il n'y a rien de plus dangereux pour nous que d'être rejetés par nos semblables" (ce que d'ailleurs le Christ a vécu à une profondeur indicible puisque divine). Vous citez d'ailleurs à cet endroit un extrait du Psaume 31 que toute la tradition catholique attribue à Jésus. Le Talmud est on ne peut plus clair sur la gravité de l'humiliation publique puisqu'il classe ce péché dans les péchés irrémissibles : "Celui qui fait blanchir la face de son prochain en public, c'est comme s'il l'avait tué. Tous ceux qui descendent à la Géhenne en remontent, sauf trois : celui qui commet l'adultère, celui qui humilie son prochain en public, et celui qui lui donne un sobriquet" (Talmud, Traité Baba Metsia, 58b). L'antique sagesse avait donc reconnu la très grande nocivité de ces comportements qui adviennent surtout pendant l'enfance et l'adolescence, période où l'on discerne mal la gravité de tels actes. »

Le grand prix du livre de Psychologies Magazine

Une soirée de mai 2006. Dans un beau salon parisien, près de l'Arc de triomphe. La cérémonie de remise du prix *Psychologies*, de « L'essai qui vous aide à mieux vivre votre vie ». Je fais partie des cinq finalistes, sélectionnés pour l'attribution du prix. Pendant que le jury délibère, nous attendons dans une salle, à l'aide de petits fours et de champagne. Il y a plein de gens que j'aime bien, nous bavardons. Voilà le jury qui arrive ! Nous allons savoir. J'aimerais bien l'avoir ce prix ! Mais, pour ne pas être trop déçu, je me suis dit aussi que je ne l'aurais peut-être pas, et que ce ne serait pas si grave. Tout de même, c'est bête, j'ai le cœur qui tape un peu plus fort lorsque Jean-Louis Servan-Schreiber, le patron du journal, déchire l'enveloppe qui contient le nom du vainqueur. Le vainqueur est... Christophe André ! C'est-à-dire moi ! Comme je n'ai pas préparé de discours à l'avance (un peu par superstition, un peu par manque de temps) et qu'on m'invite sur l'estrade, je dois improviser. Je raconte une anecdote sur une coupe que j'avais remportée avec mon équipe de copains de médecine lors d'un tournoi de rugby, coupe immédiatement et définitivement égarée le soir même, à la suite d'une troisième mi-temps bien arrosée. Je promets de ne pas perdre dès ce soir le trophée du prix Psychologies (un beau cadre avec mon portrait, à la une d'un faux numéro du journal). Je parle de ma proximité intellectuelle avec la revue : nous partageons le même objectif de rendre accessible et utile la psychologie, car elle est devenue un savoir et un outil indispensables dans notre société. Puis je lis un courrier de lectrice reçue le matin même dans mon service à Sainte-Anne. Je n'ai pas préparé de discours, mais cette lettre, je l'avais emmenée avec moi, dans ma poche, comme un porte-bonheur. J'en lis quelques extraits. C'est une dame qui a eu une enfance très dure, dans une famille gitane très pauvre. Qui a souffert d'une grave dépression. Et qui est en train de s'en sortir. Elle a lu *Imparfaits, libres et heureux*. Elle l'a beaucoup aimé, et prend la peine de me le dire, sur quatre pages. Sa vie a été vraiment dure. Et savoir que j'ai pu l'aider un tout petit peu me rend profondément heureux. Mais, du coup, je commence à sentir l'émotion serrer ma gorge. Je ne vais pas pleurer tout de même ! Je bafouille un peu, je termine un peu plus vite que prévu : « Voilà, c'est terminé… » Tout le monde a vu que j'étais troublé. Aucune importance. On ne demande pas aux thérapeutes de ne jamais être émus. Juste de comprendre les émotions de leurs patients, et de les aider à ne pas trop souffrir à cause d'elles…

Perdre les élections

Après une conférence sur l'estime de soi, une dame vient me parler. L'air assez sûr de d'elle-même, mais avec quelque chose de triste. Elle me raconte qu'elle a bien aimé mon intervention, et surtout mes mises en garde contre les compétitions sociales et l'anxiété insécurisée des personnes à estime de soi haute et fragile. Et elle continue en m'expliquant qu'elle vient de perdre des élections municipales récemment, et que cela l'a profondément blessée. Qu'elle s'en est sentie rabaissée, humiliée, rejetée. Et qu'elle a du coup décidé d'abandonner la politique. Je repense effectivement à cette nécessité des véritables bêtes politiques d'avoir un ego en acier, pour survivre aux « rejets » que sont les défaites électorales. Il leur faut tout un ensemble de mécanismes psychologiques de défense pour ne pas déprimer à chaque fois. Du coup, normal que beaucoup d'entre eux dérapent du côté du narcissisme (quand ils ne baignent pas dedans depuis qu'ils sont petits). Et pratiquent volontiers le déni en cas de problèmes (« c'est la faute des autres, pas la mienne »).

« *Il faut s'aimer les gars* »

Un samedi soir, je participe à une grande fête de mon ancien club de rugby parisien (celui où j'ai terminé ma « carrière » de rugbyman, celui où j'ai comme on dit « raccroché les crampons »). Belle ambiance et beau mélange de vieux et jeunes joueurs. Chansons, bêtisiers, rétrospectives, distribution de prix sur le thème des péchés capitaux (le plus coléreux, pour celui qui rouspète toujours sur le terrain ; le plus avare, pour celui qui tend toujours à garder le ballon trop longtemps au lieu de passer ; etc.). Plaisir de voir le club continuer de vivre joyeusement dans cet esprit où les troisièmes mi-temps comptent plus que les matchs. Et nostalgie de se trouver assis avec les vieux copains, à la table des anciens. Ils me rappellent une de mes phrases, restée en mémoire dans l'équipe, que j'avais prononcée à la mi-temps d'un match où des Anglais nous avaient administré une sacrée correction : « Les gars, il faut s'aimer ! » J'étais à l'époque en train de préparer mon premier livre sur l'estime de soi, et nous avions eu tendance à beaucoup subir en première mi-temps : d'où cette invocation à l'amour-propre. Insuffisante, nous avions quand même perdu : même si le sport, c'est beaucoup dans la tête, l'estime de soi ne peut pas tout !

Recevoir des éloges en public

Souvent, lors de conférences, une des personnes organisatrices prend le micro pour introduire mon intervention : « Je vous remercie toutes et tous d'être venus ce soir, et vous présente Christophe André, psychiatre et auteur. Son dernier ouvrage porte sur le thème de..., dont il va maintenant nous parler. » Mais, en fait, c'est rarement aussi sobre et bref, et souvent ce qui est dit est plus embarrassant, car accompagné de compliments : pour me faire plaisir, ou parce que c'est la coutume, ou parce qu'elle le pense vraiment (qui sait ?), la personne qui me présente insiste sur mes talents ou mes gloires diverses et variées. Ces minutes où je dois écouter, immobile et en silence, alors que la salle m'observe sont embarrassantes. Que faire alors ? Quelle expression adopter ? Si je souris trop, je vais paraître ravi de ces éloges. Si je fais la tête, je vais sembler méprisant. Alors j'essaye de rester impassible, d'adopter un petit sourire du genre : « Je ne mérite pas tous ces compliments, ça me gêne un peu, mais pourquoi pas, enfin, je suis surtout content d'être là pour vous parler d'un sujet que j'aime bien... » Autant dire que je dois plutôt avoir l'air vaguement nigaud, à attendre que ça passe. Impatient de commencer ma conférence pour pouvoir, enfin, essayer de mériter (au moins un petit peu) tous ces compliments !

Ego et éloges

On raconte que Freud, à l'occasion de son quatre-vingtième anniversaire (il est alors au faîte de sa notoriété), recevant d'innombrables messages laudateurs, aurait alors soufflé à ses proches : « On peut tolérer des quantités infinies d'éloges... » C'est vrai que c'est agréable de recevoir des compliments. Personnellement, j'adore ça, par exemple les lettres de lecteurs qui me disent qu'ils ont aimé mon dernier livre. Mais je n'ai jamais réussi à me débarrasser de l'embarras léger qui en accompagne chez moi la réception ; je suis gêné d'entendre dire du bien de moi ou de mes écrits, même si j'ai travaillé comme un fou pour le mériter (je ne parle même pas des compliments immérités). J'ai un peu honte de mon plaisir à les savourer. Alors je trouve des bémols pour limiter mon éventuelle *ubris* (cet orgueil dangereux que décrivaient les tragédiens grecs). Tout d'abord je me dis que ces compliments sont plutôt des remerciements : je n'écris pas des romans mais des livres de psychologie et, si on me complimente, c'est que mes écrits ont aidé, ont été utiles ; il me semble alors que mon plaisir relève moins du narcissisme que de la satisfaction du devoir accompli. Ensuite, je pense aussi au fait que, en matière de livres, on écrit plutôt aux auteurs que l'on apprécie qu'à ceux qui nous agacent ou nous déplaisent ; les personnes qui n'ont pas aimé mon travail ne m'écrivent pas, mais elles existent : j'essaie de ne pas l'oublier. Enfin, je me dis que ce n'est pas qu'une affaire d'ego, mais surtout une question de lien : en recevant des messages chaleureux de lecteurs, je réalise que j'occupe une petite place dans leur cœur ou leur esprit ; c'est agréable et rassurant. C'est ça : ce qui me plaît, c'est qu'on m'aime bien ; pas qu'on m'admire. Je ne me sens pas tranquille quand on m'admire (sans doute la peur de finir par décevoir, de ne pas réitérer la performance). Alors qu'être aimé, cela me semble plus simple, plus stable. Plus paisible, plus tranquille. Moins sujet aux aléas et aux contre-performances. C'est humain : le besoin d'être lié aux autres plutôt que le désir de les dominer.

Reconnu dans la rue

Un jour, en balade avec deux de mes filles, un monsieur me reconnaît dans la rue. Il me regarde attentivement au moment où nous le croisons ; à tel point que je lui dis bonjour en souriant (j'ai toujours peur dans ces cas-là que ce soit quelqu'un que je connais mais dont j'ai oublié le visage) et en continuant mon chemin (je ne peux pas non plus tomber dans le bras de tous les gens dont le regard croise mon regard). Mais il nous rattrape quelques secondes après, en me disant : « Excusez-moi, vous êtes Christophe André ? » Et nous bavardons quelques instants. Heureusement que ça ne m'arrive pas si souvent (au total une dizaine de fois) car c'est à la fois sympathique et inquiétant. Je comprends que les vraies célébrités soient perturbées par cela, à la fois sur le registre de la boursouflure de l'ego, mais aussi sur celui de la paranoïa. Si on nous reconnaît dans la rue ou au restaurant, plus question de mettre les doigts dans son nez, de dire des gros mots ou de s'énerver ! Bref, plus moyen d'être tranquille, d'être soi sans prendre la pose pour ressembler à son image ! Ces rares petits moments de microcélébrité me rendent un grand service : me réjouir de mon anonymat tout le reste du temps.

Le cahier de Céleste

Il y a quelques années, ma plus jeune fille, alors en cours préparatoire, me raconte que la maîtresse a montré son cahier en exemple aux autres enfants de sa classe. Elle est bonne élève pour tout un tas de raisons : par anxiété (elle n'a pas envie d'être réprimandée), par empathie (elle ne veut pas faire de peine à sa maîtresse et ses parents), par plaisir d'apprendre (elle est curieuse). Bref, c'est comme ça, et elle estime n'avoir aucun mérite dans l'histoire. D'où sa réaction au geste de la maîtresse : elle est à la fois flattée et embarrassée. « Tu comprends, ça va faire de la peine aux autres, ceux qui n'arrivent pas à bien tenir leur cahier. » Elle m'a fait alors penser à ces lignes du poète Christian Bobin (dans son ouvrage avec le photographe Édouard Boubat : *Donne-moi quelque chose qui ne meure pas)* : « Je suis incapable de penser à une chose sans aussitôt faire venir son ombre à côté d'elle. Je ne peux, par exemple, réfléchir à la lecture sans penser à ceux qui n'y auront jamais accès... Les livres me font penser aux analphabètes. Et les photographies aux aveugles. » Ses succès doivent le faire penser à ceux qui toujours échouent. C'est la richesse et la fragilité des mouvements de l'estime de soi chez les sensibles empathiques : dès que le bonheur ou la satisfaction pointent le bout de leur nez surviennent aussitôt les ombres du malheur et des douleurs des autres. Chez eux, pas de risque d'emballement vers le narcissisme ou la béatitude...

Distribution des prix

Je me souviens que, dans mon enfance, il y avait en fin d'année scolaire la distribution des prix. Instituteurs, élèves et familles se réunissaient au pied d'une estrade pour la remise des prix aux meilleurs de chaque classe. J'aimais bien parce que je recevais toujours dans l'histoire quelques livres, que je conserve toujours précieusement. Mais, rétrospectivement, je repense à ceux qui n'en recevaient jamais. Cette cérémonie a été supprimée, sans doute peu après Mai 68, et sans doute pour éviter de démotiver ceux qu'on appelait alors les « mauvais élèves ». Je ne suis pas sûr que cela les ait beaucoup aidés, le fait qu'il n'y ait plus de distribution des prix. Mais il est clair que, dans le domaine de l'école, notre époque est devenue allergique à toute forme de distinction par la performance. Il n'y a qu'en sport où persistent des médailles et des classements : la violence de toute forme de comparaison et de compétition y reste assumée.

Parler anglais

Je n'ai jamais appris l'anglais à l'école. Seulement l'allemand, le latin et le grec. Je ne regrette pas, mais évidemment j'ai vite compris que parler anglais me serait indispensable dans mon métier, tous les échanges scientifiques se faisant majoritairement dans cette langue, qui est devenue une sorte de moderne latin (jadis le latin était la langue des échanges internationaux). Alors j'ai appris l'anglais tout seul dans mon coin. Heureusement qu'il s'agit d'une langue facile : je le lis maintenant sans difficultés. En revanche, je le parle plutôt mal. D'où quelques complexes et quelques difficultés lorsque je rencontre des collègues étrangers. Je suis alors passé à une deuxième phase, depuis deux ans : suivre des cours avec un professeur. Le mien est très drôle et compétent : il a tout de suite compris que mon problème en anglais était – aussi – un problème d'estime de soi. Et son but est de me pousser à m'exprimer ; pas à *bien* m'exprimer, mais à m'exprimer tout court. Il ne cherche pas (ou pas seulement) à améliorer mon niveau, mais à diminuer ma honte. Et ça a marché : même si je ne parle pas beaucoup mieux l'anglais que jadis, je le parle aujourd'hui davantage dès que j'en ai l'occasion. Sans peur des erreurs. Mon prof d'anglais – merci David ! – m'a soigné autant qu'il m'a formé. C'est un psychothéraprof...

Métaphores bouddhistes

Pour le bouddhisme, le moi n'existe pas : illusion. Un lama m'expliquait cela un jour de façon très poétique : « Le moi n'existe pas, c'est juste un courant d'être. » C'est pourquoi Matthieu Ricard est allergique à la notion d'ego. Un jour que je lui suggérais de penser à écrire ses mémoires, il me répondit sèchement (il n'y avait aucune fausse modestie dans sa voix, juste un sincère agacement) : « Tu plaisantes ! Je ne vois aucun intérêt à écrire les *Mémoires d'un baudet de l'Himalaya*. »

Hymnes nationaux

L'expression de l'estime de soi collective passe-t-elle par les hymnes nationaux ? Pour mieux le savoir, je me suis procuré un livre qui recense tous ces hymnes (*Le Concert des nations*, par Jean-Marc Cara). J'ai été plutôt rassuré : alors que je pensais y trouver une majorité de chants guerriers et orgueilleux, la plupart d'entre eux s'avèrent plutôt pacifiques. Bien sûr, aux côtés de notre *Marseillaise* nationale (« Le jour de gloire est arrivé »), on retrouve quelques incitations à aller se bagarrer pour défendre sa gloire et son honneur. C'est le cas pour l'Allemagne (et son célèbre *Deutschland über alles*, L'Allemagne au-dessus de tout). Ou pour Cuba : « Au combat, courez, gens de Bayamo / La patrie vous contemple avec fierté / Ne craignez pas une mort glorieuse / Car mourir pour la patrie c'est vivre. » (Bayamo est une ville cubaine où a été écrit le texte de cet hymne, nommé *La Bayamaise*, un peu par le même mécanisme que *La Marseillaise*). Plus pacifique, l'hymne portugais est aussi tourné vers l'estime de soi, avec un zeste de nostalgie de la grandeur historique passée : « Héros de la mer, peuple noble / Nation vaillante, immortelle / Relevez à nouveau aujourd'hui / La splendeur du Portugal / Entre les brumes de la mémoire. » Mais globalement, c'est plutôt l'affection et l'attachement à sa terre natale que chantent les hymnes. Par exemple au Chili : « Pur, Chili, est ton ciel bleu azur / Des brises pures te balayent aussi / Et tes champs bordés de fleurs / Sont l'heureuse copie de l'Éden. » Ou en Estonie : « Mon pays natal, ma joie enchantée / Comme tu es beau et éclatant ! / Nulle part dans le monde / Un tel lieu ne peut être trouvé / Autant aimé que je t'aime / Mon cher pays natal. » Si ces chants nationaux traduisent les aspirations profondes de leurs peuples, alors il y a de quoi être rassuré : la plupart des humains rêvent davantage de vivre en paix plutôt que de dominer leurs voisins. Ils ont raison : la paix est plus belle encore que la victoire.

Le maître

Un maître, c'est un enseignant presque arrivé à la cohérence complète entre ses paroles et ses actes. Nous attendons donc que les maîtres soient des modèles, qu'ils appliquent leurs préceptes à leur vie, qu'ils les incarnent au quotidien. Comment croire quelqu'un qui professe des paroles de sagesse s'il se conduit de façon incohérente ou impulsive, ou quelqu'un qui recommande le calme et la paix de l'âme s'il s'énerve à tout bout de champ ? C'est pour ça que j'aime bien cette petite histoire drôle : c'est un maître qui enseigne la pleine conscience à ce que l'on fait. Une chose à la fois, de toute la force de son attention. Il dit ainsi : « Quand je mange, je mange. Rien d'autre. Quand je lis, je lis. Rien d'autre. Mon esprit est tout entier consacré à ce que je fais. »

Ses élèves admirent et s'efforcent de mettre en pratique : ne pas parler en mangeant, ne pas lire en écoutant de la musique, ne pas téléphoner (c'est dans un Orient moderne...) en marchant. Et un jour, stupéfaction ! ils surprennent le maître en train de manger tout en feuilletant un magazine, la radio allumée, et l'œil sur les SMS qui arrivent sur son portable. Ils sont consternés : « Mais, maître, vous... Vous mangez en faisant d'autres choses ?!! » Et le maître de répondre : « Eh bien quoi ? Quand je mange, je mange. Rien d'autre. Quand je lis, je lis. Rien d'autre. Et quand je mange en lisant et en écoutant la radio et en regardant les SMS qui arrivent sur mon portable, je mange en lisant et en écoutant la radio et en regardant les SMS qui arrivent sur mon portable. Rien d'autre. » Pauvres disciples ! Personnellement, en matière d'estime de soi, je ne donne que 10 sur 20 à ce maître ne reconnaissant pas ses torts. Il aurait eu 18 sur 20 s'il avait simplement accepté son faux pas, se reconnaissant imparfait, et répondant :

« Eh oui ! Vous voyez comme la route est longue et difficile... » Mais l'histoire aurait été moins drôle.

John Eales

Ce grand deuxième ligne fut l'un des plus fameux capitai-
nes de l'équipe australienne de rugby. Il était grand, beau,
intelligent, fair-play. Évidemment il jouait très bien. Comme
le font les deuxièmes lignes au rugby : poussant fort en
mêlée, sautant haut en touche, plaquant dur les costauds
d'en face, arrachant les ballons des mêlées ouvertes. Mais
aussi comme le font les trois-quarts : galopant très vite,
tapant les coups de pied de pénalité. Bref, un joueur parfait,
qui permit aux Australiens de gagner deux fois la coupe du
monde de rugby, en 1991 et 1999 (cette année-là contre la
France, hélas). Tellement parfait que son surnom était « Personne ». En anglais *Nobody*. Pourquoi ? Parce que *nobody's
perfect*. Si, après tout ça, il est resté vraiment, sincèrement,
intimement humble, alors oui, il méritera ce surnom.

Pauvre Guillaume

En 1911, *La Joconde* avait été volée au musée du Louvre,
et par un malheureux concours de circonstances Guillaume
Apollinaire, passionné d'art, fut soupçonné de connaître les
malfaiteurs éventuels. Il fut donc emprisonné quelques
jours à la prison parisienne de La Santé, avant que son
innocence ne fût reconnue. L'occasion pour lui de rédiger
un poème poignant sur son sentiment de déchéance :

« Avant d'entrer dans ma cellule
Il a fallu me mettre nu
Et quelle voix sinistre ulule
Guillaume qu'es-tu devenu ? »

Lectures d'enfance

On se souvient toute sa vie de ses premiers livres, non ? En tout cas, pour ma part, je m'en souviens plutôt bien : *Oui-Oui et la voiture jaune*, *Le Petit Nicolas*. Et puis *Le Livre de la jungle*, reçu en cadeau de Noël, vers l'âge de dix ans. C'était dans une belle édition chez Delagrave, avec des illustrations de Paul Durand, que je possède toujours. J'y découvrais avec délices un monde sans humains, j'y évoluais dans un Éden menaçant, j'y marchais tout nu dans la forêt aux côtés de Baloo et Bagheera. C'était pour moi un lien à la vie sauvage, dans ces années 1960 qui étaient celles des fusées vers la Lune et du Formica. Pour mimer les combats contre l'affreux tigre Shere Kan, je m'enfermais des heures dans ma chambre, en slip, armé du simple poignard en plastique de ma panoplie de Sioux. De ces aventures dans la jungle, le goût de la nature m'est resté, même si je n'ai plus besoin de me déshabiller pour marcher dans les bois. Et je me demande ce que ces innombrables combats, toujours victorieux, m'ont légué en matière d'estime de soi...

Hontes d'écrivains

La vie d'écrivain n'apporte pas que des satisfactions : il y a parfois quelques moments difficiles. Pas seulement dans les phases de création (la célèbre « angoisse de la page blanche ») mais aussi dans celles de promotion, lorsque les auteurs vont à la rencontre de leurs lecteurs. Le livre le plus drôle que j'aie pu lire sur ce thème s'appelle *Hontes* (paru aux éditions Joëlle Losfeld). Il s'agit d'un recueil de textes rédigés par une soixantaine d'écrivains, qui racontent justement leurs plus grandes hontes. Il s'agit souvent des consé-

quences catastrophiques d'excès de boissons alcoolisées
destinées à vaincre le trac, ou de salles de conférences
désespérément vides. Un des textes les plus savoureux,
parmi ces récits de disgrâce pleins d'humour et d'humanité,
est celui de l'auteur d'origine serbe Charles Simic. En voici
quelques extraits : « Un soir, à New York, il faisait si chaud
et moite dans la librairie où je lisais mes poèmes, je ruisse-
lais tellement, que mon pantalon n'arrêtait pas de descen-
dre. J'étais donc constamment obligé de le remonter d'une
main tout en tenant mon livre de l'autre. Un type de ma
connaissance m'a ensuite confié que ce spectacle l'avait fas-
ciné... » ; « Pendant les années 1960, dans la maison des
jeunes de je ne sais quelle misérable ville de Long Island,
on a programmé mon intervention entre celle d'un magi-
cien amateur et d'un voyant extralucide. On n'avait pas dit
aux jeunes voyous du public qui j'étais ou ce que j'étais
censé faire. J'ai encore le souvenir de leurs mines éberluées
tandis que je lisais mon premier poème... » ; « À Détroit, un
bébé hurlait pendant ma lecture, puis un petit roquet que
son maître avait introduit en douce s'est mis à japper... »
Mais après avoir énuméré une dizaine de mésaventures
semblables, Simic conclut : « À Ohrid, en Macédoine, j'ai lu
à l'aide d'un micro qui ne fonctionnait pas, devant des mil-
liers de spectateurs qui ne m'auraient pas compris même
s'ils avaient pu m'entendre, mais qui ont pourtant applaudi
à la fin de chaque poème. Sur ce, je vous le demande, que
peut-on attendre de plus de la vie ? » Nous ne survivrons à
nos hontes que si nous savons savourer nos bonheurs.

II

PRATIQUES DE
L'ESTIME DE SOI

Comprendre ce qu'est l'estime de soi

L'estime de soi, c'est :
1. Ce que je pense de moi.
2. Comment je me sens avec ces pensées.
3. Ce que je fais de ma vie avec tout ça...

C'est ce mélange des regards et des jugements que je porte sur moi. Car aucun regard n'est neutre, surtout sur soi-même. C'est aussi un autre mélange : celui du jugement à propos de *moi* et du jugement de *moi sous le regard des autres*. L'estime de soi n'a de sens que dans le cadre de relations sociales. À quoi nous servirait de nous estimer pour mener une vie de solitude ?

Bâtir une bonne estime de soi

Disposer d'une bonne estime de soi, ce n'est pas seulement avoir une haute idée de soi-même, s'en convaincre et le faire savoir. Certes, on peut avoir une estime de soi haute (plutôt s'apprécier, être assez sûr de soi pour agir et prendre sa place parmi les autres, ne pas s'effondrer face aux échecs ou aux difficultés, etc.) ou basse (plutôt se dévalori-

ser, être peu sûr de soi au point de souvent éviter d'agir et
ou de prendre sa place parmi les autres, facilement s'effondrer ou renoncer face aux échecs ou aux difficultés, etc.).
On pense toutefois aujourd'hui qu'appréhender l'estime de
soi seulement par son niveau ne suffit pas : rechercher à
tout prix à avoir une haute estime de soi ne peut être un
idéal, du moins ne peut être le *seul* critère d'une *bonne*
estime de soi. De nombreux sujets à haute estime de soi
s'avèrent anxieux, rigides, et finalement en grand échec
intime, émotionnel et relationnel, dans de nombreuses circonstances de vie. Alors que certains sujets ayant une
estime d'eux-mêmes modérée n'en arrivent pas moins à se
sentir bien et à accomplir de grandes choses. Il est possible
de mentir (et de se mentir) en matière de niveau d'estime
de soi. L'estime de soi n'est pas qu'un problème quantitatif,
mais aussi qualitatif. Inutile de chercher toujours plus
d'estime en soi et dans le regard des autres. Il y a aussi
d'autres quêtes : être plus serein et paisible, par exemple.
Ou plus stable face à l'adversité.

Reconnaître les signes de souffrance
de l'estime de soi

Il est normal d'avoir des hauts et des bas dans notre rapport à nous-même. Ces fluctuations témoignent d'ajuste-
ments constants entre nous et ce qui nous arrive : comme
notre respiration, nos battements cardiaques, notre moral
(avec lequel elle entretient des liens quasiment consan-
guins, elle est d'une certaine façon notre « moi émotionnel »), notre autoestime varie. Toutes les manifestations de
souffrance de l'estime de soi sont normales tant qu'elles
restent occasionnelles. Le problème ne se pose que si elles
deviennent fréquentes, voire constantes, intenses, dispro-

portionnées par rapport à ce qui les a déclenchées. Elles témoignent alors d'un échec de mécanismes de régulation « normaux » de l'estime de soi. Obsession de soi, tension intérieure, sentiment de solitude, sentiment d'imposture (« Est-ce que ce qui m'arrive, je le mérite vraiment ? »), comportements inadéquats par rapport à nos intérêts (devenir désagréable lorsque l'on se sent jugé) ou nos valeurs (essayer d'impressionner, de rabaisser autrui, alors que cela ne correspond pas à nos valeurs personnelles), tendance à l'autoaggravation lorsqu'on va mal, tentation du négativisme, caractère excessif des émotions négatives (honte, colère, inquiétude, tristesse, envie...). Tous ces signes traduisent une estime de soi fragilisée...

Les estimes de soi vulnérables : les basses et les fausses

Le sentiment de fragilité personnelle peut nous conduire à des erreurs : dans la tentation de défendre coûte que coûte son estime de soi, on peut avoir recours de manière systématique, et donc peu adaptée, à une attitude offensive (pour la promouvoir) ou bien défensive (pour la protéger). Ces deux stratégies diffèrent extérieurement, mais reposent en réalité sur les mêmes bases : un sentiment de vulnérabilité, conscient dans le premier cas, qui est celui des basses estimes de soi, et moins conscient, voire parfois totalement inconscient, dans l'autre cas, qui est celui des hautes estimes de soi fragiles. Se sous-positionner chez les personnes à basse estime de soi, se surpositionner, chez celles à haute estime de soi... Ces stratégies inadaptées bloquent les apprentissages, les évolutions, les constructions de soi. Tous les efforts sont consacrés à l'autodéfense plus qu'à la croissance. On sacrifie son développement à sa sécurité. Et l'on se retrouve ainsi coincé dans un moi-prison, où l'on s'étouffe, s'ennuie et s'inquiète... Au lieu de profiter d'un moi-violon, que l'on accorde chaque jour, dont on apprend, peu à peu, à jouer au mieux, seul ou avec les autres. Tout cela peut se construire, mois après mois, année après année. Mais je dois prendre l'initiative de ce « chantier psychologique ». Car qui d'autre que moi-même pourrait effectuer ce travail ?

Se « débarrasser »
des problèmes d'estime de soi ?

En finir une fois pour toutes avec les boiteries de l'estime de soi, ne serait-ce pas un mythe ? Souvent, le travail sur l'estime de soi ressemble davantage à ce que l'on propose aux personnes qui souffrent de diabète, d'asthme, ou d'hypertension artérielle : on s'organise pour faire en sorte que la maladie (ou la vulnérabilité) n'altère pas la qualité de vie, qu'elle n'empêche pas de mener une existence normale et agréable. Et on y arrive, le plus souvent. Pas très poétiques, ces efforts patients, ce labeur quotidien sur l'estime de soi ? Certes, mais la souffrance n'est pas poétique, elle non plus. Et il y a tant de choses, en revanche, si poétiques à savourer autour de nous, une fois que nous allons mieux et que nous pouvons nous ouvrir au monde ! Les efforts sont peut-être plus faciles lorsqu'il s'agit d'un régime alimentaire ou d'exercice physique. Encore que... Mais il existe également des règles de vie clairement définissables en matière d'estime de soi. La route est longue, mais il y a une route. Une route pour devenir un peu plus serein, un peu plus confiant, un peu plus audacieux, un peu plus indifférent aux regards et aux jugements...

Débats récents sur l'estime de soi

Le concept d'estime de soi est parfois victime de son succès. On tend à faire de cette dimension centrale de notre personnalité une sorte de panacée dont la présence permettra tous les bonheurs et toutes les réussites ; et dont le manque pourra expliquer souffrances et échecs. Enseignants, parents et bien sûr thérapeutes s'efforcent ainsi de promouvoir la meilleure estime de soi possible. C'est louable et sans doute bien souvent utile, mais ce n'est jamais ni une garantie ni le seul facteur impliqué. Les choses sont un peu plus compliquées que la simple équation : estime de soi = succès dans tous les domaines. Les travaux de synthèse conduits en ce sens montrent clairement que l'estime de soi est un facteur facilitant dans deux domaines importants : le bien-être personnel et la prise d'initiatives. Pour le reste, les effets sont moins spectaculaires et dépendent aussi d'autres dimensions psychologiques. Je me souviens ainsi, il y a quelques années, avoir participé à un colloque réunissant des chercheurs et professionnels travaillant sur les thèmes du chômage et de la formation professionnelle. L'un d'entre eux montrait assez clairement que le meilleur prédicteur de la réinsertion des chômeurs longue durée était le nombre adéquat d'emplois proposés, ni trop ni trop peu ; plus que l'estime de soi. De même, l'école ne doit pas seulement valoriser les enfants et leur éviter de se trouver en échec, mais aussi les réguler et les socialiser. De plus, l'estime de soi est souvent un facteur nécessaire mais pas suffisant. En matière de bonheur par exemple, une haute estime de soi associée à de l'égoïsme ne donnera que des bonheurs narcissiques : labiles, solitaires et finalement décevants à long terme.

L'estime de soi, c'est tout ça

L'estime de soi consiste à montrer capable de :
• Dire ce que je pense.
• Faire ce que je veux.
• Insister quand je me heurte à une difficulté.
• Ne pas avoir honte de renoncer.
• Ne pas me faire avoir par la pub ou les modes, qui veulent me faire croire qu'on n'est quelqu'un de bien que si on porte telle marque ou si on pense de telle façon.
• Rire de bon cœur si on me chambre gentiment.
• Savoir que je peux survivre à mes échecs.
• Oser dire « non » ou « stop ».
• Oser dire « je ne sais pas ».
• Suivre mon chemin, même si j'y suis seul(e).
• Me donner le droit d'être heureux(se).
• Me sentir digne d'être aimé(e).
• Supporter de ne plus être aimé(e), même si ça me rend malheureux(se) sur le moment.
• Me sentir tranquille avec moi-même.
• Dire « j'ai peur » ou « je suis malheureux(se) » sans me sentir rabaissé(e).
• Aimer les autres sans les surveiller ou les étouffer.
• Faire de mon mieux pour réussir ce que je veux réussir, mais sans me mettre la pression.
• Me donner le droit de décevoir ou de rater.
• Demander de l'aide sans me sentir pour autant inférieur(e).
• Ne pas me rabaisser ni me faire du mal lorsque je ne suis pas content(e) de moi.
• Ne pas me sentir envieux(se) de la réussite ou du bonheur des autres.
• Savoir que je peux survivre à mes malheurs.

- Me donner le droit de changer d'avis après réflexion.
- Faire preuve d'humour sur moi-même.
- Dire ce que j'ai à dire, même si j'ai le trac.
- Tirer les leçons de mes erreurs.
- Me mettre en maillot de bain même si mon corps n'est pas parfait.
- Me sentir en règle avec les blessures de mon passé.
- Ne pas avoir peur de l'avenir.
- Trouver que je suis quelqu'un de bien, avec ses qualités et ses défauts.
- Sentir que je progresse et que je tire des leçons de la vie.
- M'accepter tel(le) que je suis aujourd'hui sans renoncer pour autant à changer demain.
- Et enfin, arriver à penser à autre chose qu'à moi...

L'estime de soi commence par l'acceptation de soi

Comment font les sujets à bonne estime de soi ? Sont-ils *meilleurs* que les autres ? Plus intelligents, plus beaux, plus doués ? Ont-ils eu une enfance plus heureuse ? En réalité, la différence ne se situe pas, ou pas totalement, à ce niveau des qualités ou des chances objectives. Les personnes à haute estime de soi ont des défauts et des doutes, connaissent des échecs et pas seulement des réussites, ressentent aussi, parfois, ou souvent pour certains, doutes et sentiments de fragilité. Simplement, ils les acceptent. Les échecs les affectent. Mais ils savent qu'ils sont inévitables, si l'on a fait le choix de l'action. Les critiques les touchent, surtout si elles sont fondées. Mais ils arrivent à reconnaître alors leurs torts sans besoin excessif de se justifier ou, pire, de dénier. Leurs limites et leurs insuffisances les dérangent et les gênent parfois. Mais elles ne les incitent pas pour autant à fuir les situations sociales ou à s'y taire. Simplement, leurs fragilités les incitent à chercher à apprendre et à progresser, au lieu d'affirmer et de pérorer, de s'inhiber ou de trembler. Bref, la caractéristique la plus forte des sujets à bonne estime de soi, c'est qu'ils sont capables de tolérer et d'accepter leurs imperfections, car ils ont construit et intégré une bonne image globale d'eux-mêmes, et supposent que leurs interlocuteurs seront plus sensibles à cette image globale qu'au « détail qui tue ». Pas d'autre solution que s'accepter pour s'estimer... Accepter, c'est lâcher prise : on découvre alors que toute une partie des problèmes disparaît d'elle-même. Et que ce qui reste paraît plus simple à changer.

Pratique de l'acceptation de soi

Le but de l'acceptation n'est pas de se substituer à l'action mais d'éviter la gesticulation (« c'est scandaleux, c'est inacceptable »). Accepter, c'est choisir de se donner plus de force et de lucidité pour changer. C'est l'antichambre de l'action efficace. Bien plus que la simple indignation émotionnelle. C'est très difficile, la notion d'acceptation, en matière d'estime de soi, parce qu'on aborde des phénomènes très intimes et douloureux liés à l'image de soi : qui a envie de s'accepter inférieur ? On a beau se *sentir* souvent inférieur, en réalité on n'a pas envie de l'accepter. Et c'est tant mieux d'une certaine façon, puisqu'on *n'est pas* inférieur. Enfin, pas autant qu'on le craint, ou dans autant de domaines qu'on le redoute. Car on est toujours inférieur, imparfait en quelque chose... Et alors ? Se comporter parfois médiocrement ne fait pas pour autant de nous des individus médiocres. L'acceptation de soi n'est pas seulement un concept. C'est une manière d'être, qu'on ne peut donc acquérir qu'au travers d'une pratique répétée. Sa maxime n'est pas « accepter ou agir », mais « accepter puis agir ». En s'entraînant, en prenant goût peu à peu à la qualité et à la lucidité de l'action lorsqu'elle suit l'acceptation. Ainsi, l'acceptation de soi ne pousse nullement à renoncer aux efforts de changement qui nous semblent nécessaires. Elle nous aide à les conduire dans le calme et la bienveillance envers soi. Comme ces efforts d'évolution personnelle durent toute notre vie, on comprend la nécessité de l'acceptation de soi pour vivre et se changer dans un climat intérieur paisible. « Tu entreras au Paradis tout entier, ou tu n'y entreras pas du tout », nous rappelle un adage soufi...

Ne plus se juger

« Juger, c'est ne pas comprendre », écrivait André Malraux. On se trompe toujours, ou à peu près toujours, lorsqu'on veut se juger soi-même. Surtout dans les situations où l'estime de soi est en jeu. Qu'est-ce que juger ? C'est relier un fait à une valeur. Et les valeurs des personnes ayant des problèmes d'estime de soi sont toxiques car trop élevées et trop rigides : leur désir de perfection sert à apaiser leur désir de protection. Le problème : le critique intérieur, ces jugements constamment négatifs et limitants, cette autocritique quasi permanente. Cette déformation permanente et partiale de ce qui nous arrive, succès ou échecs : « Ce qui est raté est ma faute, ce qui est réussi est dû au hasard. Ce qui est raté l'est totalement, ce qui est réussi ne l'est que partiellement (il y a toujours à redire). Ce qui est raté l'est durablement, pour toujours, ce qui est réussi n'est que temporaire. » Le critique intérieur fait passer pour de l'information ce qui n'est que de l'auto-intoxication.

Comme un véritable ennemi intime en nous-même... Cet ennemi, c'est nous bien sûr. En tout cas, c'est nous qui lui donnons vie en répétant inlassablement et sans recul toutes les critiques et autolimitations entendues depuis notre enfance dans notre famille, à l'école, etc. Puis, à force de le penser, on finit par le croire... Entrons en lutte contre notre critique intérieur. Il reviendra régulièrement ? Acceptons ses retours réguliers sur notre scène mentale. Reconduisons-le doucement à la porte...

Être son meilleur ami

Dans sa célèbre nouvelle, *La Soirée avec M. Edmond Teste*, Paul Valéry décrit une des sentences du rapport à soi les plus célèbres de la littérature française : « Je me suis rarement perdu de vue : je me suis détesté, je me suis adoré – puis, nous avons vieilli ensemble. » Après les inévitables oscillations du désamour et de l'amour de soi, comment arriver à une cohabitation paisible avec soi-même ? L'erreur fréquemment commise par les sujets souffrant de problèmes d'estime de soi est de penser qu'on n'est estimable que lorsqu'on est admirable. Les stratégies peuvent alors varier selon le niveau de l'estime de soi. Ceux qui ont une haute estime de soi fragile cherchent à obtenir cette admiration de la part des autres, d'où leurs efforts d'auto-promotion et de mise en avant, et de se convaincre eux-mêmes qu'ils sont admirables. Ceux dont l'estime de soi est basse se contentent d'en rêver : fantasmes de succès et de gloire, mais leur absence d'efforts et de prises de risque les en tient, hélas pour eux, bien éloignés. Cherchons plutôt à nous estimer, non à nous admirer. La bonne estime de soi est finalement plus proche de l'amitié qu'elle ne l'est de l'amour : seule l'amitié arrive à associer exigence (ne pas laisser ses amis faire n'importe quoi) et bienveillance (ne pas les juger, mais vouloir les aider), présence (on est attentif et disponible pour eux) et tolérance (on accepte leurs travers et leurs défauts). Simplement être son ami...

Protéger l'estime de soi des influences toxiques, de la publicité et des pressions sociales

Pressions sur l'image du corps. Injonctions sur la réussite et le conformisme social. Mensonges de la pub... Ce pilonnage permanent, comme une pollution dont on ne s'aperçoit pas, porte ses fruits et façonne nos attentes en ce qui concerne l'estime de soi. Si nous disions non à la gonflette de l'estime de soi, à ces mensonges, non aux fausses promesses ? Notre estime de soi vaut mieux que cela. « Vous êtes formidables ! », nous répète-t-on. Pourquoi tout le monde (politiques, médias, pub) veut-il à ce point nous persuader que nous sommes formidables ? Ces estimes de soi « aux hormones », factices, sont hautes mais gémissantes (« je n'ai pas ce que je mérite ») ou revendicantes (« cela ne va pas se passer comme ça »). Tout sauf épanouies. Sur la durée, le combat consistera à internaliser les sources de l'estime de soi : comment ne pas la faire seulement ou principalement dépendre d'objectifs dictés par d'autres que nous ? En se fixant aussi des objectifs personnels, intimes. Moins s'énerver, ou moins fort, ou moins souvent. Davantage écouter les autres. Travailler plus efficacement. Progresser dans sa pratique de la musique, d'un sport, d'un art...

Pratiquer la non-violence avec soi-même

La lutte contre les émotions et les pensées négatives de l'estime de soi ne doit pas être une lutte contre soi-même. On se malmène parfois, en s'insultant, en se frappant, en exigeant l'impossible ou le parfait. Véritable maltraitance envers soi-même... Mais si on veut s'aider à changer, inutile de se punir ainsi ! Se souvenir tout d'abord que le contraire de la violence, ce n'est pas la faiblesse, mais la douceur. On peut parfaitement être doux *et* ferme avec soi. Éradiquer toute violence contre soi. C'est long, lorsqu'on en a pris l'habitude, sous la pression de ses problèmes d'estime de soi. Si on a longtemps pratiqué l'agressivité contre soi, il faudra sans doute continuer de s'en méfier toute sa vie : plus on sera fatigué, plus les vieux réflexes essaieront de revenir. Mais chaque combat conduit avec succès, chaque reculade que nous aurons su lui infliger rendront peu à peu ses retours moins... violents.

Lutter contre ses complexes

Il est normal de douter de soi et de ne pas être totalement satisfait(e) de l'ensemble de ses caractéristiques. Mais le complexe dépasse largement le stade de l'insatisfaction occasionnelle. C'est la focalisation douloureuse et obsédante, constante ou très fréquente, de l'ensemble de ses pensées sur une partie de son corps, jugée disgracieuse, ou une dimension de sa personnalité, jugée insuffisante ou inadéquate, et qui va perturber notre bien-être moral et notre comportement social. C'est toute l'estime de soi qui souffre, mais le mal-être se concentre sur le complexe. Il n'existe pas « une » solution qui guérisse infailliblement les complexes, mais tout un ensemble d'efforts, qui, mis bout à bout, vont peu à peu faire reculer le complexe, ou du moins ses excès : comprendre, comme toujours, d'où viennent nos complexes ; observer les autres et voir comment des « défauts » semblables n'empêchent pas d'autres personnes de vivre librement ; parler avec les autres : les complexes se nourrissent de la honte et de l'isolement, et en parler à des proches ne les guérit peut-être pas, mais les affaiblit ; écouter plus attentivement l'avis des autres, lorsqu'ils vous disent que vous n'avez pas de raisons de douter à ce point ; lutter contre la « paranoïa du complexe » : non, tous nos échecs ne viennent pas des défauts qui nous complexent, tous les regards braqués sur nous ne signifient pas que les autres observent nos points faibles ; faire l'expérience de désobéir au complexe et de se confronter à ce qu'il nous dit d'éviter : c'est le meilleur moyen d'éroder peu à peu les complexes ; élargir le regard sur soi : se voir comme une personne globale, élargir sa vision de soi, et ne pas se réduire à ses faiblesses, ses limites, ses défauts. Pour finir : ne pas se cacher tout entier pour dissimuler seulement un petit morceau de soi-même !

Accepter l'imperfection

« Être humain, c'est se sentir inférieur », écrivait Alfred Adler, un contemporain de Freud. Comment le sentiment – pourtant normal – d'avoir des limites et des insuffisances peut-il se transformer en douleur de ne pas être parfait ? Et donc en inquiétude de se trouver, de ce fait, rejeté et mis à l'écart ? Il s'agit le plus souvent d'une sorte d'erreur de jugement sur ce qui suscite la popularité et l'estime de la part d'autrui : on pense que l'on sera mieux accepté et estimé si l'on est parfait, si l'on brille, si l'on est irréprochable. La solution : l'affirmation de soi négative. Car, bien évidemment, le problème ne vient pas de nos faiblesses mais de notre incapacité à les assumer. Sans doute parce que nous craignons qu'elles n'entraînent un rejet irrémédiable (et non de la compréhension) ou parce que nous pensons qu'elles sont insurmontables. Le travail sur l'affirmation de soi négative consiste à prendre peu à peu l'habitude d'être prêt à reconnaître ses faiblesses et limites, sans s'inférioriser. Pourquoi devrait-on toujours savoir tout, et tout de suite ? Pour être admiré ? Le stress en vaut-il la chandelle ? La solution la plus apaisante, la plus honnête, la plus forte, et finalement la plus enrichissante, c'est pourtant de dire : « Je ne sais pas », « J'ai peut-être tort », « Je ne m'en sens pas capable. » Plus quelqu'un a une bonne estime de soi, plus il est libéré du besoin de performance. L'écrivain Paul Valéry, mondain et doué pour les relations sociales, déclarait parfois au début d'une conférence : « Je suis venu ignorer devant vous. » Si nous nous inspirions de son exemple ?

La lutte contre la peur du rejet et contre ses excès

« Malheur à celui qui est seul ! » est-il écrit dans la Bible (L'Ecclésiaste, 4, 10). Le besoin d'appartenance et d'acceptation est sans doute l'un des plus fondamentaux chez l'être humain. D'où l'importance du lien pour l'estime de soi. La nécessité de savoir le susciter et le savourer. Et la méfiance aussi à avoir lorsque ce besoin de lien et son détecteur à rejet se sont déréglés et ont fait de nous des hypersensibles à toute forme de mise à distance. Lorsqu'on travaille sur son estime de soi, il est capital de bien réfléchir sur cette question du rejet social, de ses conséquences sur nous, et de notre propre participation à ces conséquences, au travers de l'excès de sensibilité que cela peut entraîner année après année. Nous avons vu qu'il importait de prendre garde à ne jamais négliger les conséquences du rejet : il faut agir vite et bien, même si la douleur, paradoxalement, peut être discrète. En revanche, il est capital de prêter aussi attention non plus seulement au rejet, mais à notre système de détection du rejet : s'il est déréglé (ce qui est fréquent dans les problèmes d'estime de soi), nous pouvons nous préparer à beaucoup souffrir et à beaucoup nous mettre en échec... Car se sentir rejeté ne signifie pas qu'on le soit vraiment : nous avons vu que, si l'on a subi souvent dans le passé des expériences authentiques de rejet, on hérite alors d'un détecteur de rejet devenu hypersensible, même si notre environnement présent est devenu plus accueillant. Rien n'est simple alors, car l'estime de soi a du mal à faire la différence entre être vraiment en échec ou rejeté et penser l'être. Dans le doute, elle fait volontiers crédit à l'intuition. « Si je me sens rejeté ou mal aimé, c'est que je le suis. Pas de fumée sans feu. » Hélas, en matière de psychologie d'estime de soi, contrairement au proverbe, il y a souvent de la fumée sans feu.

Se méfier des comparaisons

Nous nous faisons parfois piéger dans des rapports qui ne sont pas ceux que nous aurions souhaités : entrer dans des comparaisons absurdes, entrer dans des compétitions inutiles. Les personnes à basse estime de soi auront tendance à se soumettre de manière inquiète, à comparer en leur défaveur, fuir toutes compétitions ou se résigner à les perdre. Tandis que celles à haute estime de soi fragile essaieront d'entrer dans le jeu, d'être mieux que les autres, et de gagner les compétitions, mais dans un climat psychologique très crispé. Tel un irrésistible mouvement de l'âme, le réflexe des comparaisons sociales paraît inévitable dans un premier temps. Il s'effectue même de manière inconsciente. Le simple fait de vivre en société le rend constant. Il semble, hélas, que plus on se compare aux autres, plus on a tendance à ressentir des états d'âme négatifs, tels que regrets, culpabilité, envie, insatisfaction, etc. Globalement, il existe des liens réciproques entre le sentiment de ne pas avoir une vie heureuse et le fait de procéder à des comparaisons sociales régulières. Utiliser les comparaisons pour se consoler ne semble pas une bonne idée car, peu à peu, le recours aux comparaisons fait inconsciemment entrer dans un jeu de compétition sociale, que l'on tentera de gagner (être mieux que les autres) ou de ne pas perdre (ne pas être trop distancé par les autres).

Éviter le piège des compétitions non choisies

Le risque des comparaisons est donc de transformer alors la vie quotidienne en compétition permanente : être celui ou celle qui parle le plus en réunion, qui a la plus belle maison ou voiture, le conjoint le plus sexy, les plus beaux enfants… Or la compétition ne nous tire pas forcément vers le haut. Contrairement à ce que l'on croit couramment, ce ne sont pas toujours les « obsédés de la gagne » qui gagnent… La pression engendrée par des attentes trop compétitives peut au contraire perturber les performances. Évidemment, il y a aussi un risque de conflits accrus, car chacun tente de prendre la place de l'autre. Le but sera donc non seulement de gagner, mais aussi d'empêcher à tout prix les autres de gagner. Avoir de la vie en société ou en groupe humain une telle vision entraînera une attitude très crispée sur la conquête et la défense des territoires, des avantages et autres signes de statut. Ainsi qu'un délabrement régulier du bien-être personnel. Et une fragilisation de l'estime de soi : ces environnements égoïstes et compétitifs fabriquent à la chaîne des estimes de soi insécurisées, dépendantes d'attributs externes, et hautement instables. Pas terrible, non ? Renoncer aux compétitions inappropriées – ce qui une fois de plus n'est pas le renoncement à *toutes* les compétitions, mais seulement à celles dont on n'a pas besoin, ou que l'on n'a pas choisies – semble donc la meilleure solution. Comment faire, alors, pour refuser d'entrer dans le jeu ? Après avoir beaucoup observé, beaucoup comparé, on en arrive un jour à ce qui ressemble à une forme de sagesse de l'estime de soi : la capacité de se comparer aussi à soi-même. À celle ou celui que nous étions il y a quelques mois ou quelques années. À celle ou celui que nous sommes dans nos bons ou nos mauvais jours. Sans doute l'un des meilleurs moyens de pratiquer le développement personnel : en se vivant comme un tranquille artisan de soi...

La présentation de soi : quel visage offrir ?

Ah, cette société qui nous renvoie sans cesse notre image ! Jusqu'où peut-on et doit-on faire des efforts pour être bien perçu ? Jusqu'où faut-il travailler son image et sa présentation sociale ? À partir de quand des efforts légitimes pour ne pas susciter de rejet ou de méfiance immédiats deviennent des contraintes ou des dissimulations ? Entre l'approche très précautionneuse, presque aliénante, des personnes à basse estime de soi et l'approche offensive des sujets à haute estime de soi instable, où se situe le point d'équilibre ? Cette indispensable présentation de soi, comment y réfléchir, mais sans mentir ? Comment conduire des efforts qui ne soient pas des contraintes, qui ne nous embarquent pas dans de fausses directions, à contresens de notre identité ? S'exposer aux autres sans efforts exagérés représente peut-être un effort. Mais qui peut s'avérer fructueux sur le long terme, car il nous permet d'accéder au *must* : être appréciés pour ce que nous sommes, et non pour ce que nous cherchons à paraître. Être apprécié par les autres, c'est bon, mais c'est encore meilleur pour l'estime de soi lorsqu'on est apprécié pour ce qu'on *est* plus que pour ce qu'on a *fait* et réussi. Lorsqu'on étudie ce type de situation en laboratoire de psychologie, on s'aperçoit que le fait de se sentir compris et accepté allège nettement nos défenses et nos tendances à protéger ou à promouvoir notre estime de soi. Alors, bas les masques ?

La peur du ridicule et le combat contre la honte et les blessures d'amour-propre

Les blessures de l'amour-propre sont fréquentes lors des problèmes d'estime de soi. Mais ce sont souvent des blessures déplacées, qui auraient pu être évitées, ou ne pas exister. Plus souvent liées à l'hypersensibilité de la personne qu'à la gravité ou à la réalité des « attaques » dont elle a pu être l'objet. De nombreuses émotions sont associées aux difficultés d'estime de soi : elles sont dénommées par les chercheurs les « émotions de la conscience de soi ». À un degré minime, ces émotions de l'estime de soi en souffrance sont représentées par l'embarras ou la gêne. Le sentiment de ridicule est lui encore un cran au-dessus, et il est associé à la conviction d'avoir abîmé son image sociale, ou suscité des regards moqueurs ou ironiques. Mais le degré le plus redoutable de ces émotions de la conscience de soi est représenté par la honte. On a beaucoup étudié, en psychologie, la culpabilité, ce sentiment d'inconfort douloureux lié à la conviction intime d'avoir commis une faute. La honte est un sentiment plus ravageur encore, car elle est liée à la personne, et non seulement au comportement. On se culpabilise de ce que l'on a fait, mais on a honte de ce que l'on est : le dommage est plus grave. Ainsi, la honte est toujours une honte de soi : c'est soi-même que l'on rejette tout entier, pas seulement ses actes. Lorsqu'elle est déréglée, elle est sans doute une des plus redoutables émotions dont puisse être affectée l'estime de soi. D'où l'existence en psychothérapie comportementale et cognitive d'étonnants – du moins aux yeux des non-initiés – « exercices pour combattre la honte » dont l'objectif est de s'habituer à ressentir gêne, honte, embarras, sentiment de ridicule, et enfin honte, sans se laisser impressionner pour autant. Il s'agit par exemple de prendre le métro ou l'autobus, et d'y annoncer à haute voix les stations. Si les gens vous regardent, souriez-leur. S'ils vous adressent la parole, expliquez-leur tout simplement la vérité : que vous faites un exercice pour apprendre à lutter contre la honte. La pratique de cet exercice et de quelques autres m'a beaucoup fait progresser : moi qui pensais ne pas souffrir de honte excessive, j'ai découvert que si, en réalité nous sommes beaucoup plus conduits par la honte que nous ne le croyons. Honte de parler fort ou de faire le clown dans la rue, de sortir de chez soi habillé à la va-vite ou en chaussons, etc. Non que je préconise d'en faire un style de vie, mais plutôt une petite expérience existentielle de temps en temps, pour recalibrer son « hontomètre » à la hausse, afin qu'il soit moins sensible.

Harmonie plus que suprématie

Il paraît très probable qu'apprendre à se réjouir de ce qui arrive aux autres, à tous les autres en tant que représentants du genre humain, représente non seulement une bonne chose pour les sociétés, mais aussi pour l'estime de soi de la personne qui procède ainsi. La recherche d'harmonie est meilleure pour nous que celle de la suprématie. La compétition sociale est toxique pour l'estime de soi. Il est difficile de lui résister, car elle est attisée par l'organisation de nos sociétés. Pourtant, il faut lutter... De nombreux travaux montrent le rôle bénéfique d'une vision élargie de l'estime de soi. Lorsque nous avons l'intelligence d'étendre l'estime de soi à l'estime des autres, nous la rendons plus robuste ! Autre exercice : travailler à la circulation de l'estime de soi, valoriser et encourager autrui, reconnaître sa valeur, c'est le meilleur service que chaque humain peut rendre à l'humanité. Car il est important que cette appartenance soit non pas recroquevillée sur des cercles restreints (proches ou personnes semblables à nous) mais élargie : inutile, sinon, d'avoir quitté les anciens cloisonnements sociaux pour en créer de nouveaux.

Écouter le feed-back

Qu'est-ce que le feed-back ? Littéralement « nourriture en retour », le feed-back est un terme utilisé en psychologie pour désigner les informations sur nous-même que nous obtenons de la part des autres personnes. Il est effectivement une véritable nourriture en ce sens qu'il enrichit et guide notre action. Mais les problèmes d'estime de soi peuvent rendre aveugle et sourd au feed-back, avec ce paradoxe que plus on cherche à protéger ou à développer son estime de soi, moins on tolère le feed-back sur nos actes ou sur notre personne. Les mécanismes qui perturbent la bonne utilisation du feed-back sont par exemple : la recherche impérieuse de réassurance ou de flatterie, qui pousse à l'évitement des informations déplaisantes, la tentation permanente de supposer que tout feed-back est inexact ou douteux, qu'il soit positif (« ils disent cela pour m'épargner ») ou négatif (« tous des jaloux, des aigris, des frustrés... »). Le feed-back positif est souvent agréable, mais le feed-back négatif est toujours utile. L'estime de soi, ce jugement que nous portons en permanence sur nous-même, ne doit pas se nourrir que de notre subjectivité : le risque d'erreur serait trop grand. Et c'est d'ailleurs ce qui se passe lorsqu'on se prive du feed-back : on s'enferme en soi-même, dans l'illusion de l'autosuffisance de notre regard et de nos intuitions. Le résultat ne se fait pas attendre alors : l'estime de soi part artificiellement en vrille, vers le bas ou vers le haut. Sans retour d'information de la part de son entourage, on s'illusionne de grandeur ou on se convainc de sa petitesse, aveuglément, donc faussement, de manière disproportionnée par rapport à nos qualités et à nos compétences réelles. Le feed-back est toujours une aubaine en matière d'information et de changement personnel : ne la laissons pas passer. Faire un bon usage du feed-back, c'est ne plus avoir peur de déplaire, mais en sachant écouter et comprendre pourquoi nous déplaisons. C'est oser être différent, en sachant écouter et comprendre ce que cette différence inspire aux autres. Être ouvert au feed-back, c'est écouter, et non obéir. C'est faire le tri, et non tout avaler sans regarder.

Apprendre de la vie

Le meilleur des objectifs que l'on puisse se donner en matière d'estime de soi, c'est celui du développement personnel, à savoir prendre toute expérience de vie comme une occasion d'apprentissage. Inutile de chercher à se comparer aux autres, pour les égaler ou les dépasser : l'estime de soi bénéficie davantage de la comparaison avec soi-même. Et ces comparaisons avec soi plus qu'avec les autres semblent bien caractériser les individus dont l'objectif est de progresser sur un plan personnel. Dans ce passionnant travail de construction et de reconstruction de soi, comment devenir l'artisan paisible de soi-même ? J'utilise volontairement le terme d'artisanat, pour tout ce qu'il évoque : l'absence de prétention, la simplicité, l'imitation de modèles, l'acceptation de conseils (pourquoi ne pas chercher à voir ce qui marche chez les autres, nous ne sommes pas si différents les uns des autres...), la répétition régulière de gestes pour arriver peu à peu à un résultat, la patience, la nécessité de réparations et de gestes de maintenance constants... Nous sommes bien des artisans de nous-mêmes. En matière d'estime de soi, inutile de chercher à tout prix à être un « artiste », un « créateur ».

Jusqu'où aller dans le désir de reconnaissance ?

Il existe une autre peur que celle du rejet, une peur située en amont d'elle, plus discrète, moins spectaculaire, mais dommageable elle aussi pour notre bien-être et nos comportements : celle de l'indifférence. Que se passe-t-il en nous lorsque nous avons l'impression de pas compter pour autrui ? Il est douloureux de se sentir ignoré, de sorte que nous développons tous un très grand désir de reconnaissance. Il témoigne de l'absolue nécessité pour l'être humain de disposer d'un capital social autour de lui. Un risque de cette quête sera parfois l'excès de conformité. On cachera « tout ce qui dépasse » pour tenter de se soumettre à l'image sociale qui nous paraîtra garantir la plus grande acceptation. On ne suivra la mode qu'à distance respectueuse : pas trop tôt pour ne pas attirer (ou croire attirer) les regards, mais pas trop tard pour ne pas sombrer dans la ringardise. On n'émettra ses opinions qu'après s'être assuré de celles des leaders, afin de ne pas prendre le risque de la contradiction ou de la moquerie. À l'opposé existe la tentation de la rupture avec la « masse », dans l'anonymat de laquelle on se sent disparaître, non reconnu. D'où le risque de provocations gratuites et inutiles.

Jusqu'où aller dans le besoin d'être aimé ?

Il peut exister des dépendances extrêmes aux signes de reconnaissance et d'attachement d'autrui. Ainsi chez les personnes « trop gentilles », qui peuvent étouffer l'autre par leur sollicitude, leurs cadeaux excessifs. Un cran au-dessus, et on tombe dans des profils de personnalités vulnérables, sur le registre de ce que les psychiatres nomment l'abandonnisme.

Dans le cas de l'abandonnisme, les personnes réagissent de manière très violente (intérieurement par la souffrance, ou extérieurement par les reproches ou les larmes) à tout ce qui leur paraîtra une forme de recul ou de prise de distance. À la grande surprise, souvent, des membres non avertis de leur entourage (les amis, en général, car la famille, elle, « sait » depuis longtemps), moins sensibles à la distance et pour qui passer six mois sans prendre ni donner de nouvelles ne diminue en rien l'amitié ou l'affection que l'on porte à quelqu'un. Mais si l'ami en question est légèrement abandonnique, il ne verra pas les choses ainsi.

À cause de leur hyperappétence affective, ces personnes vont très vite chercher à « chauffer » les liens, à les faire passer sur un mode affectif : copiner trop vite avec une nouvelle connaissance, intimiser rapidement la relation avec un collègue de travail récemment arrivé... Comme si elles pensaient accéder par là à l'essentiel : « Pas de relation qui vaille en dehors de l'affection. »

Ces deux familles de personnalités semblent présenter un besoin illimité de signes de reconnaissance et d'affection, comme si leur existence même en dépendait, sur le registre du « sans amour, on n'est rien du tout » des chansons populaires. Comme si elles avaient fait leur cette formule de Gide : « Je ne veux pas être choisi, je veux être préféré », mais sans oser l'avouer clairement. On ne revendique pas l'exclusivité (pas assez d'estime de soi pour cela), on attend que les autres fassent d'eux-mêmes « comme si » il n'y avait que nous.

L'envie et ses remèdes

L'envie, émotion du doute de soi, renvoie au sentiment désagréable que nous éprouvons face à ce que possède une autre personne, que nous n'avons pas, et que nous aimerions bien avoir : argent, statut, reconnaissance, voire bonheur... L'apparition de l'envie nécessite deux conditions : tout d'abord une comparaison sociale – défavorable – entre nos avantages et ceux de l'autre personne, puis un sentiment d'impuissance à obtenir ce que l'autre possède. Sans ce sentiment d'impuissance, nous ne serions pas envieux mais simplement motivés à obtenir la même chose... D'où le lien avec l'estime de soi : on envie ce que l'on n'a pas, mais seulement si l'on pense ne pas être capable de l'obtenir par nous-même. Mais il n'est pas facile de transformer son envie en indifférence. Ou même, et mieux, en bienveillance ! Comment arriver à se réjouir de la réussite des autres, surtout si elle ne nous retire rien (ce qui est souvent le cas) ? Pas facile, si on a des problèmes d'estime de soi. C'est cependant un exercice très sain et instructif, surtout par rapport à ces envies stupides dans lesquelles nous mettent toutes les situations sociales compétitives. Il est important également de ne pas se contenter de seulement réprimer l'envie. Mieux vaut la reconnaître et la transformer. S'entraîner à passer de l'envie agressive (« c'est injuste que ce nul ait cela »), ou dépressive (« je suis minable de ne pas l'avoir »), à l'envie émulative : « Comment m'y prendre pour obtenir, moi aussi, ce qui déclenche mon envie ? » On retrouverait probablement ainsi une des fonctions originelles et naturelles (et surtout bénéfiques) de l'envie : la stimulation à agir.

Ne plus se méfier des autres et faire confiance : les bénéfices sont supérieurs aux inconvénients

La confiance est belle. Et elle est aussi favorable aux personnes qu'aux groupes humains. Pourquoi est-elle si difficile lors des problèmes d'estime de soi ? Les raisons de faire confiance peuvent être opposées : on peut faire confiance par fragilité personnelle (basse estime de soi) parce que l'on a tendance à idéaliser les autres, ou à se mettre en position de faiblesse ou de dépendance face à eux. On peut aussi accorder sa confiance parce que l'on se sent assez fort pour pouvoir supporter ou réparer une éventuelle trahison : « Je lui donne une chance… » (haute estime de soi). Pouvoir accorder sa confiance à autrui dépend donc clairement de la confiance que l'on a en soi-même, et de nos besoins en matière d'estime de soi : nous pourrons être amenés à l'accorder ou à la refuser de manière inadaptée, en fonction davantage de nos attentes à être rassuré ou admiré que de l'évaluation calme de nos interlocuteurs et de la situation. Faire confiance aux autres : n'y a-t-il pas un risque ? Si ! Mais il y a aussi beaucoup de risques à ne pas faire confiance. Les dangers de la méfiance sont peut-être moins visibles, moins immédiats que ceux de la confiance, mais ils sont bien réels. Ne pas faire confiance, c'est consacrer beaucoup d'énergie à se méfier, observer, surveiller, vérifier, temporiser. C'est vivre dans une tension physique et une vision du monde négative qui vont s'avérer épuisantes et toxiques. C'est avoir du mal à baisser la garde alors que nous pourrions le faire. Cela permet certes d'éviter certaines duperies ou certaines déceptions. Mais à quel prix ? La confiance suppose évidemment d'accepter un risque social relatif, celui de la tromperie ou de la duplicité de nos interlocuteurs, pour un bénéfice palpable, qui est celui de la qualité de vie. Faire à autrui une confiance non pas aveugle, mais éveillée : accorder le maximum de confiance *possible*, faire confiance *a priori*, mais considérer nos interlocuteurs comme fiables seulement jusqu'à preuve du contraire.

Ne plus juger :
s'entraîner à accepter les autres

« Nous ne voyons pas les choses comme elles sont, nous les voyons comme nous sommes », nous enseigne le Talmud. Sur la voie de l'acceptation de soi, mieux accepter les autres peut-il conduire à mieux s'accepter soi-même ? Cela paraît probable. Les autres sont-ils vraiment si décevants ? Ou n'est-ce pas plutôt moi qui suis trop décevable ? Ne pas juger les autres, c'est bon pour l'estime de soi. L'acceptation d'autrui est une attitude corrélée avec un niveau de bien-être global augmenté chez ceux qui la pratiquent. Qui induit ensuite un cercle vertueux : si je vais bien, j'ai plus de facilité à la bienveillance (étymologiquement : *bene volens*, qui veut du bien), et cette bienveillance me fait elle-même du bien, etc. Car l'ouverture psychologique est corrélée à l'estime de soi : meilleure sera cette dernière, plus elle nous aidera à observer sans comparer, envier ou juger, plus elle nous permettra de tirer profit des expériences de vie, d'avoir une flexibilité supérieure et des capacités d'adaptation aux nouveaux environnements. L'estime de soi est un facteur d'« activisme psychologique » : elle nous aide à « extraire » les bonnes choses de notre environnement, mais aussi à les provoquer. Lors d'une soirée, par exemple, plutôt que de subir un convive ennuyeux et de s'irriter ou de se morfondre, consacrer l'énergie économisée en jugements ou agacements à l'accepter, l'observer, essayer de découvrir ce qu'il peut avoir d'intéressant ou d'attachant (imaginez que vous êtes dans un film !) et de ce fait le rendre lui-même différent. Dans le domaine de l'acceptation *a priori*, les gens donnent davantage ce qu'ils ont d'intéressant en eux s'ils se sentent acceptés. Une bonne estime de soi peut ainsi être un outil de « bonification du réel ». On ne subit plus le monde, on le rend meilleur...

Gentillesse

La gentillesse, c'est une attention bienveillante à autrui, *a priori* inconditionnelle. Vouloir du bien à autrui 1. sans qu'il l'ait demandé, 2. sans savoir s'il le mérite, 3. sans savoir qui il est. Juste parce que c'est un être humain. La gentillesse, c'est différent de la simple écoute ou de l'empathie. Dans la gentillesse, on prend l'initiative. On donne, plus qu'on ne rend ou qu'on n'échange. Il existe souvent un blocage avec la gentillesse lors des problèmes d'estime de soi. Une peur, pour les personnes à basse estime, d'être « trop gentilles ». Mais comment la gentillesse pourrait-elle être un défaut ? Le problème, ce n'est pas d'être trop gentil, mais c'est de ne pas être assez affirmé par ailleurs. Il faut au contraire être gentil, c'est une vertu : souhaiter le bien des autres, vouloir leur rendre service, voir leurs bons côtés... Que serait le monde sans les personnes gentilles ? Un endroit bien pénible ! Mais il ne faut pas être *que* gentil. Il faut ajouter aussi à son répertoire la capacité de dire « non », « je ne suis pas d'accord », « je ne suis pas content », etc.

Gratitude

La gratitude consiste à reconnaître le bien que l'on doit aux autres. Et plus encore à se réjouir de ce que l'on doit, au lieu de chercher à l'oublier. La gratitude peut sembler une vertu désuète, mais elle comporte de multiples bénéfices, notamment sur le bien-être psychique, comme l'attestent de nombreux travaux. Elle est aussi bénéfique à l'estime de soi, car elle augmente le sentiment d'appartenance à un groupe, une lignée, une collectivité humaine. Et tout ce qui augmente le sentiment d'appartenance renforce l'estime de soi. Enfin, elle semble aussi être corrélée à une autonomie accrue vis-à-vis des attitudes matérialistes, grandes déstabilisatrices et falsificatrices de l'estime de soi. Dans ce domaine, sans doute que la gratitude casse le lien égoïste entre soi et ses « possessions » et ses « richesses », en nous amenant à reconnaître ce qu'elles doivent à tant d'autres : parents qui nous ont donné vie et certaines forces et talents pour obtenir ces possessions, maîtres qui nous ont appris, amis qui nous ont aimés et donné de l'énergie, etc. Quelques exercices de gratitude : penser nos succès en termes de gratitude : non pas pour minimiser notre mérite, mais pour rester « connectés » à toute la chaîne humaine à laquelle nous les devons ; au-delà des succès matériels, cultiver les sentiments de gratitude pour les gestes de gentillesse reçus : sourires, aides minimes (qui nous a tenu la porte, aidé à ramasser un objet tombé à terre...) ; s'endormir chaque soir sur une pensée de gratitude (« qui m'a fait du bien aujourd'hui, au travers d'un geste, d'une parole, d'un sourire, d'un regard ? »), ce qui améliore le bien-être émotionnel ; pratiquer l'étrange plaisir de l'extension de la gratitude : s'entraîner à la ressentir pour des proches, des personnes connues, bien sûr, mais aussi pour des inconnus. Vous savourez un disque de Bach ? Abandonnez-vous à la reconnaissance envers Bach, les musiciens qui l'interprètent, les artisans qui siècle après siècle ont conçu et fabriqué les instruments permettant de le jouer...

Admiration

L'admiration est ce sentiment agréable devant ce qui nous dépasse. Cela va de soi pour la nature, avec laquelle nous n'entrons pas en compétition. Mais, pour l'être humain, surtout lorsqu'il n'est pas au clair dans le domaine de l'estime de soi, l'admiration entre en concurrence avec le problème des comparaisons sociales : qu'est-ce qui fait que la confrontation à une personne qui nous semble, ou nous est présentée comme supérieure à nous, dans un ou plusieurs domaines socialement valorisés, va susciter admiration plutôt qu'agacement ou dévalorisation ? Admirer, ce n'est pas renoncer à agir, écrasé par la perfection de la personne qu'on admire, mais agir pour s'en rapprocher, si on le souhaite. Ce n'est pas non plus céder sur sa liberté : l'admiration ne doit pas être une soumission, mais une inspiration. Concluons : ne jamais rater une occasion d'exercer son œil, et surtout son esprit, à se réjouir d'admirer. Les bénéfices pour l'estime de soi ? Ils sont innombrables : disposer de modèles positifs, cultiver son humilité, muscler ses capacités d'ouverture, ressentir des émotions positives...

En finir avec le tout à l'ego et agrandir son estime de soi

Il est impossible de s'estimer si l'on n'est pas en règle avec ses semblables. Pas seulement accepté par quelques-uns, les plus puissants, ou les plus impressionnants, ou les plus valorisants. Mais en relation aussi harmonieuse que possible avec toutes les personnes autour de nous. L'humain est un animal social : pas de bonne estime de soi sans bon lien aux autres. Nombre de nos problèmes d'estime de soi ne viendraient-ils pas de notre vision trop restrictive et étroite de l'ego ? Matthieu Ricard, moine bouddhiste, parle ainsi des « voiles de l'ego » et de la profonde erreur que nous commettons en percevant notre identité comme seulement faite d'autonomie et de différenciation avec autrui. Si nous cultivions, par exemple, notre estime de soi en renforçant la recherche d'appartenance plutôt que celle de la différence ? Divers travaux ont ainsi montré les bénéfices du partage des événements de vie positifs : lorsque quelque chose de favorable arrive à un humain, il peut amplifier très nettement les effets bénéfiques de cet événement s'il le partage avec autrui, et les prolonger dans le temps, parfois de manière très durable. Il semble que l'espèce humaine soit très apte à une transmission automatique des émotions, sur le mode d'une contagion intuitive : nous avons ainsi en nous tout ce qu'il faut pour nous réjouir du bonheur des autres. Pourquoi n'est-ce pas plus souvent le cas ? Pourquoi ce qui arrive de bon à autrui, et qui, le plus souvent, ne nous retire rien, ne nous procure pas davantage de plaisir ? Sauf lorsque cela arrive à des très proches, enfants, parents, conjoints, amis ? Sans doute parce que nous sommes prisonniers de mauvais réflexes de l'estime de soi, trop dans la compétition, pas assez dans la collaboration. Et que nous facilitons plus souvent la contagion des émotions négatives que celle des émotions positives.

Si on pense « nous »,
on renforce son estime de soi

Percevoir son identité comme étant en partie définie par le lien modifie en profondeur le rapport à soi-même. Et tend plutôt à l'enrichir, car on sait que se concentrer sur sa personne n'est pas forcément la meilleure voie d'accès à la connaissance et à l'estime de soi. Il y a sans doute de très importantes évolutions à prévoir en matière de rapport à soi-même, dont nous ne pouvons deviner où elles nous amèneront. Essayons simplement d'être aussi lucide que possible sur leurs enjeux et leurs mécanismes. L'évolution de notre société se fait manifestement vers des rapports égalitaires, fraternels, adelphiques. Les relations hiérarchiques, de type patriarcal, qui dominaient autrefois nos sociétés, sont perçues comme archaïques et étouffantes. L'estime de soi va donc évoluer aussi : elle ne sera plus seulement basée sur la dominance (par le pouvoir ou les possessions), mais davantage sur les liens et l'appartenance. En matière d'accomplissement de l'estime de soi, il est parfois utile de ne pas se chercher soi, mais de simplement chercher sa place, c'est-à-dire le lieu, l'activité, les liens qui nous donnent le mieux le sentiment d'exister. Ne plus seulement chercher une identité, mais des interactions avec son environnement, matériel ou humain. Ne plus se focaliser sur soi et le contrôle de l'environnement, mais sur les interactions entre soi et l'environnement, le tout ainsi formé. Il y a plusieurs sortes de « places » : des lieux où l'on se ressource (de par leur beauté ou leur signification pour notre histoire), des actes où l'on se retrouve (aider, soigner, consoler, construire…), des liens où l'on s'épanouit (amour, amitié, humanité). Lorsqu'on se sent à sa place, on est plus facilement en harmonie avec soi et avec ce qui nous entoure. Nos angoisses s'apaisent, on est imprégné d'un sentiment d'évidence (« je suis là où je dois être ») et de cohérence (« c'est là que je voulais être »), un vécu de plénitude s'installe, on cesse de se poser d'incessantes questions existentielles et identitaires.

Action et estime de soi : se bouger pour s'estimer

L'action est l'oxygène de l'estime de soi. La véritable estime de soi ne se révèle que dans l'action et la confrontation à la réalité, et l'action nourrit, façonne, construit l'estime de soi. Elle est, avec le lien social, l'une de ses deux grandes nourritures. Et tout le reste n'est qu'autosuggestion, pour le meilleur et pour le pire. Tout ce qui va miner notre rapport à l'action est donc potentiellement toxique. Or les problèmes d'estime de soi incitent souvent à des évitements et à des dérobades. L'évitement n'apprend rien. Il ne nous renvoie qu'à nous-même, qu'à des choses que l'on sait déjà : que la vie est dure, que nous avons du mal, que cela aurait été dur d'échouer, que nous avons bien fait de ne pas y aller, que c'est tout de même dommage, etc. Seule la confrontation peut nous apprendre. Parfois, elle nous enseigne des choses douloureuses, mais elle nous instruit... L'évitement, lui, sape l'estime de soi, et au bout du compte, quelle que soit la qualité de nos réflexions sur nous-même, on ne se change que dans l'action. Bénéfices absolus de l'action sur la rumination. Dans je ne sais plus quel film, le scénariste Michel Audiard place cette réplique : « Un con qui marche va toujours plus loin qu'un intellectuel assis. » L'idéal serait sans doute d'être un intellectuel qui marche, mais la réplique serait moins drôle. « On n'a de hautes pensées qu'en marchant », disait, plus sérieusement, Nietzsche.

Intelligence de l'action... Immobiles, nous restons dans notre monde personnel. En action, nous le modifions et surtout nous l'ouvrons... L'*overthinking* des Anglo-Saxons, se prendre la tête sur soi, ce n'est pas efficace. Mise à l'écart des leçons de l'action, l'estime de soi se crispe, se recroque-ville, devient de plus en plus fragile. C'est au travers de ces allers-retours avec la vie que nous pouvons prétendre nous construire, nous développer, nous épanouir, nous connaî-tre. Et non en restant dans la petite pièce de notre *moi*. Se dérober au réel nous fossilise. Aller à sa rencontre nous permet de grandir. C'est l'action qui ouvre au monde, au lieu de seulement muscler l'ego.

L'action flexible : savoir s'engager ET savoir s'arrêter

Un des problèmes avec l'action des personnes dont l'estime de soi est défaillante est celui de la flexibilité : autant il est important de savoir s'engager dans l'action, autant il est également important de pouvoir s'en dégager en fonction des informations obtenues au fur et à mesure... Or si les sujets à basse estime de soi sont lents au démar-rage, ils peuvent parfois s'avérer lents au freinage... C'est ce qu'on nomme la « persévérance névrotique », dont la devise pourrait être : « Maintenant que j'ai commencé, je dois finir et y arriver à tout prix. » Cette persévérance est large-ment alimentée par de nombreux proverbes et maximes, dont la plus toxique à ma connaissance est celle-ci, nord-américaine : « *Quitters never win and winners never quit* » (Ceux qui abandonnent ne gagnent jamais, et ceux qui gagnent n'abandonnent jamais) : très beau, parfois vrai, et souvent faux. Difficile en elle-même, cette capacité à renon-cer et à se désengager est encore plus ardue quand elle

concerne des engagements pris devant autrui : là encore,
tous les travaux sur la manipulation montrent qu'il s'agit
d'un piège efficace pour faire agir les gens contre leurs intérêts. Il faut connaître cette tendance et se donner des droits
tels que : le droit de se tromper, le droit de s'arrêter, le droit
de changer d'avis, le droit de décevoir, le droit d'arriver à
un résultat imparfait... Ne soyons plus les victimes de
nous-même et de notre entêtement...

Peut-on se débarrasser de la peur de l'échec ?

Si la peur de l'échec est si fréquente, c'est qu'elle est,
jusqu'à un certain point, normale. C'est elle qui nous
pousse à ne pas être indifférents aux conséquences maté-
rielles et sociales de nos actes. Elle est donc souhaitable.
Mais seulement jusqu'à un certain point. Au-delà, il ne
s'agit plus d'une simple peur, mais d'une véritable allergie à
l'échec. La conséquence d'un ratage n'est plus alors de
l'ordre du déplaisir, mais de l'affliction : les études condui-
tes dans ce domaine montrent que c'est la honte qui est au
cœur du problème, c'est-à-dire cette émotion violente qui
nous amène à nous percevoir, à la suite d'un échec, non pas
seulement incompétents mais globalement déficients et
indignes. Comment savoir s'en tenir au « suffisamment
bon » sans se dévaloriser pour autant ? Comment ne
déclencher son logiciel de perfectionnisme qu'à bon
escient, aux bons moments ? Et comment l'éteindre rapidement dès qu'il est devenu absurde et inutile ? La sagesse
des humains ordinaires que nous sommes, c'est d'accepter
l'imperfection, chez les autres comme chez soi : elle n'est
pas toujours preuve de laisser-aller ou de médiocrité.
Accepter l'imperfection, c'est aussi la preuve que le goût de

la vie l'a emporté sur l'obsession de l'image de soi... Arrêter son travail quelques instants pour parler à un ami, regarder le ciel, respirer, rentrer chez soi plus tôt pour profiter de ses enfants, est-ce intelligence ou médiocrité ? Il y a sans doute dans la plupart des existences de la place pour tout : pour l'excellence à certains moments, et pour l'intelligence de vie à d'autres.

Comment devenir libres avec le succès ?

Nous ne pouvons pas nous passer de réussir. Le besoin de connaître des « succès » relève d'un besoin élémentaire, celui de contrôler, ou surtout d'en avoir l'illusion bénéfique, notre environnement. De le façonner, de nous y faire une place. Peu de choses nous sont données, et il n'est pas question de renoncer à agir et à réussir. Mais nous avons largement abordé dans ce chapitre le coût de la poursuite acharnée et inquiète de certains objectifs : surtout, ne pas faire dépendre le contentement de soi de ses succès (« Je suis quelqu'un de bien parce que je réussis »). Ces estimes de soi « conditionnelles » sont les plus friables et les plus inconfortables émotionnellement. La plupart d'entre nous le savent et sont d'accord avec ces principes. La vraie question, c'est pourquoi ne conduisons-nous pas notre vie en fonction de cette élémentaire sagesse ? Il y a pour nous tous la nécessité d'une « hygiène du succès ». Inutile de le refuser ni de le gâcher par l'inquiétude (« et demain ? ») ou le pessimisme préventif (« rien ne dure, rien n'est acquis, ne te réjouis pas et pense déjà à demain »). Le savourer sans s'en valoriser à l'excès. Ne jamais perdre de vue ce mélange de chances, de mérites, mais aussi d'injustices que représente toute forme de réussite. Se rappeler sans cesse

qu'il n'y a pas plus de vérités révélées sur nous lors des succès qu'il n'y en a lors des échecs. Si nous réussissons,
réjouissons-nous sincèrement, faisons le plein d'émotions
positives. Puis retournons à l'essentiel : continuer de travailler notre présence participante au monde, et notre lien
aux autres.

Psychologie des regrets

Le regret est fréquent lors des problèmes d'estime de soi.
Il y est une sorte de symétrique de l'hésitation et de la pro-
crastination : avant d'agir, on se demande : « J'y vais ou je
n'y vais pas ? », puis c'est : « J'ai bien fait d'y aller ou
non ? » Si l'échec est advenu, le regret est évidemment
encore plus vif... Il arrive que certaines personnes à basse
estime de soi préfèrent ne pas s'engager ni choisir pour ne
pas éprouver de regrets : l'envie d'agir est dissuadée par
anticipation. C'est que l'échec peut procurer une si vive
douleur. Agir ou ne pas agir ? Que va-t-on le plus regretter ?
Ce que nous avons tendance à regretter dans l'immédiat, ce
sont surtout les choses que nous avons faites, nos actions
(lorsqu'elles ont échoué bien sûr). Et ce que nous avons
tendance à regretter le plus sur le long terme, et avec du
recul, ce sont plutôt les choses que nous n'avons pas faites,
nos inactions et nos intentions d'action non concrétisées.
Les personnes à basse estime de soi, dont l'évitement est
souvent une philosophie (obligée) de vie, sont les plus grandes victimes de tels « regrets d'inaction ». Dans le doute,
agissez...

Lutter contre le mythe du « bon choix »

Pour lutter contre les regrets excessifs, il faut d'abord se libérer de la peur obsédante de faire les « mauvais choix ». Le bon choix n'existe pas, c'est nous, et nous seuls, qui avons le pouvoir de rendre nos décisions « bonnes » ou « mauvaises ». Le dilemme du « bon choix » : cela se joue souvent après et non avant. C'est ce que nous en faisons, et dans une moindre mesure ce que nous en pensons, qui rend un choix bon ou mauvais. C'est vrai pour la plupart des choix d'une vie quotidienne : habiter dans tel ou tel endroit, accepter tel ou tel travail, s'engager avec tel ou tel conjoint (ou s'en séparer), etc. Certes, on peut faire un choix de conjoint ou de métier que l'on regrette ensuite. Mais un autre conjoint ou un autre métier auraient entraîné à leur tour mille conséquences différentes, peut-être tout aussi regrettables ! Évitons de voir notre vie comme une suite de moments décisifs, où tout ce qui se joue serait définitif : ce n'est pas ainsi que nos existences fonctionnent. Pour se libérer de la peur des regrets antici-pés liés à un choix, le plus efficace n'est pas de renoncer à agir, mais d'augmenter sa tolérance à l'échec. Et surtout d'apprendre à en tirer les enseignements, afin de transfor-mer les occasions de regretter en occasions d'apprendre, comme le rappelle la formule : « Si vous perdez, ne perdez pas la leçon... » Faire un bon usage de ses regrets, c'est ainsi essayer de faire mentir La Bruyère, qui constatait avec un certain pessimisme, dans ses *Caractères*, le mauvais usage que l'humain fait de ses regrets : « Le regret qu'ont les hommes du mauvais emploi du temps qu'ils ont vécu ne les conduit pas toujours à faire de celui qui leur reste un meilleur usage. »

Le silence de l'estime de soi

Que se passe-t-il lorsque nous progressons en matière d'estime de soi ? Lorsque non seulement nous nous estimons davantage, mais lorsque cela se passe dans une ambiance psychologique sereine, avec une estime de soi plus stable face aux événements de vie, plus autonome face aux sollicitations toxiques, face à la fausse monnaie de l'estime de soi, à ces « vaines gloires » dont parle la Bible, lorsque nous arrivons à être plus lucide face aux fausses pistes de l'ego et de l'autosatisfaction. Eh bien, en général, le besoin en estime de soi diminue peu à peu. Nous pensons de moins en moins à nous-même et de plus en plus à ce que nous vivons : « Mieux ça va, moins je pense à moi. » Ce silence de l'estime de soi n'est un paradoxe qu'en apparence : comme une bonne santé (« la vie dans le silence des organes », disent les médecins), une bonne estime de soi est silencieuse, car la conscience de soi n'est plus obsédante à l'esprit de la personne, ni dans ses propos, ni dans sa présence auprès des autres, ni dans ses comportements quotidiens. Le moi qui se rappelle sans cesse à nous, c'est le moi qui va mal. Qui est trop empli de lui-même, de ses peurs ou de ses attentes. Ne plus s'enliser en soi-même...

Intensifier sa présence à l'instant

Le goût simple et foudroyant de la vie... Respirer, marcher, parler, regarder : toutes choses ordinaires, dont on ne s'aperçoit de la valeur que lorsqu'on a failli les perdre pour toujours. Les rescapés d'accident, de maladie ou d'événement de vie grave racontent tous la même histoire, et la même sensation, liée à cette prise de conscience :

vivre est une chance. Et en prendre conscience peut être bouleversant. Observer les instants de la vie. Méditer. Quels rapports avec l'estime de soi ? Il semble bien que l'entraînement à la méditation facilite les capacités d'auto-régulation psychologique et améliore l'équilibre de la balance émotionnelle positive, phénomènes favorables à l'estime de soi. Il facilite aussi de manière indirecte le sentiment de cohérence personnelle (*self-concordance*) qui consiste à améliorer la continuité entre ce que l'on ressent de manière implicite et ce que l'on exprime de manière explicite. Il permet enfin de s'exercer, quotidiennement, aux attitudes de non-jugement et d'acceptation, dont nous avons vu qu'elles étaient si précieuses pour l'équilibre de l'estime de soi. Ainsi, lors des exercices de méditation, on recommande bien de ne pas attacher d'importance au fait que la séance soit « réussie » ou « ratée » : cette attitude renforce régulièrement le logiciel mental « ne pas juger et accepter ce qui est ». « Méditer n'est pas une évasion mais une rencontre sereine avec la réalité », nous apprennent les maîtres en méditation. Le but de la méditation n'est pas seulement d'améliorer le bien-être ou de faciliter l'estime de soi, il est aussi de densifier l'existence. Elle ne doit pas seulement être pratiquée lors d'exercices-parenthèses, mais devenir une manière d'être. Difficile ? Pas tant que ça... On peut ainsi pratiquer régulièrement l'exercice du « rien que ». Rien que marcher, regarder ces nuages, laver cette vaisselle, arracher ces mauvaises herbes, écouter cet oiseau ou cette amie, étendre le linge. Rien qu'attendre le bus, regarder défiler le paysage. Rien qu'observer le rythme à la fois changeant et régulier de sa respiration... Être simplement entier et complet dans ce que l'on fait. Ne plus penser ni au moi ni au pourquoi. Ni à l'estime de soi...

Humilité : jusqu'où s'alléger de soi ?

« L'homme humble ne se croit – ou ne se veut – pas inférieur aux autres : il a cessé de se croire – ou de se vouloir –
supérieur », nous rappelle André Comte-Sponville, dans son
Dictionnaire philosophique. Rien de plus éloigné d'une
bonne estime de soi que l'orgueil, nous en avons déjà beaucoup parlé. En revanche, l'humilité est plus que simplement favorable à une bonne estime de soi : elle en est
l'essence même. Elle conduit à la liberté : elle permet de ne
pas dépendre de son image ou des pressions compétitives.
Elle permet aussi d'avancer à visage découvert, sans chercher à présenter son meilleur profil. En limitant la tendance au jugement, elle facilite l'ouverture aux nouvelles
idées, la réceptivité au feed-back, l'intérêt pour tout ce qui
n'est pas soi. Elle n'est pas désintérêt ou mépris de soi,
mais elle préserve l'intérêt pour soi, à un niveau relative-
ment bas et silencieux, sauf lorsque la situation le
demande. Elle facilite aussi l'action : car elle ne pousse pas
à vouloir briller, et elle ne fait pas craindre d'échouer. Elle
est enfin un facteur de lien social : l'humilité peut être ver-
ticale, comme dans la spiritualité, mais aussi horizontale,
nous ouvrant à la conscience universelle de la proximité et
de la fraternité de tout humain avec les autres humains,
actuels et passés.

Ne plus se soucier de l'effet que l'on fait

La grâce de l'oubli de soi... Cette « tranquillité du moi »
à laquelle nous aspirons, sans que cela soit un complet déni
de soi. Être juste un être humain qui essaye de faire le bien,
aux autres comme à lui-même. Ne pas avoir peur d'être une

simple créature vivante. Je me souviens d'avoir un jour lu une interview de l'actrice Mathilde Seignier, jeune femme pleine de vie, de force et de simplicité. Elle y avait cette belle remarque, en réponse à la question du journaliste : « C'est quoi la manière Seigner ? — Pfff... Y en a pas. On joue les situations, et voilà. Il n'y a pas d'intellectualisation, pas de cérébralité chez moi. Je suis animale. Je suis un plat du jour, moi ! » Être un plat du jour. Dans cette formule, tout est dit de ce que peut être l'humilité au quotidien. Un plat du jour, c'est bon, c'est simple, c'est savoureux, ce n'est pas pompeux (en général, j'aime bien prendre ça, d'ailleurs, pas vous ?). Accepter d'être ordinaire, c'est extraordinaire.

Zététique de l'estime de soi

Nous le sentons bien : une estime de soi patiemment cultivée et développée dans les différentes directions que nous avons évoquées n'est plus si loin d'une forme de spiritualité sans Dieu (ce qui n'empêche pas d'en avoir un par ailleurs...). La spiritualité, sous sa forme religieuse ou laïque, a été largement étudiée comme vecteur de santé psychique, depuis plusieurs années. Elle peut sans doute se définir le mieux par le désir, ou plutôt le besoin, de se confronter à plus grand que soi : l'absolu, l'infini, le sens ou le non-sens de l'existence, de la vie et de la mort, le temps, l'éternité... et la possibilité de Dieu. La pratique aboutie de l'estime de soi peut ainsi nous conduire sur les chemins de la spiritualité, dans sa pratique quotidienne : la vie spirituelle est une attitude mentale de chaque instant. L'estime de soi : à atteindre et surtout à oublier paisiblement au travers de toute chose simple de la vie quotidienne... L'approche sereine de l'estime de soi est bien, d'une certaine façon, une quête spirituelle, c'est-à-dire qui concerne notre esprit.

Son actualisation (l'estime de soi s'étiole ou devient fragile dans la répétition et le stéréotype) est aussi une zététique tranquille, du grec *zététikos* : qui aime rechercher. Voilà pourquoi vous n'en aurez jamais fini avec l'estime de soi. Et pourquoi ce sera passionnant...

III

PRIÈRE DE MARC AURÈLE
(*Pensées de Marc Aurèle*, Livre dixième,
entre 170 et 180 après Jésus-Christ)

« Mon âme ! quand seras-tu donc bonne et simple, sans mélange et sans fard ? Quand seras-tu plus visible et plus aisée à connaître que le corps qui t'environne ? Quand goûteras-tu les douceurs qu'on trouve à avoir de la bienveillance et de l'affection pour tous les hommes ? Quand seras-tu pleine de toi-même et riche de tes propres biens ? Quand renonceras-tu à ces folles cupidités et à ces vains désirs qui te font souhaiter des créatures animées ou inanimées pour contenter tes passions, du temps pour en jouir davantage, des lieux et des pays mieux situés, un air plus pur, et des hommes plus sociables ? Quand seras-tu pleinement satisfaite de ton état ? Quand trouveras-tu ton plaisir dans toutes les choses qui t'arrivent ? Quand seras-tu persuadée que tu as tout en toi... ? »

Nous essayons, Marcus Aurelius, nous essayons...
Promis, nous faisons de notre mieux.
Paix à ton âme.

IV

UN TEST POUR ÉVALUER
L'ESTIME DE SOI
(et y réfléchir un peu...)

Où en êtes-vous avec votre autoestime ?

Voici vingt questions pour vous aider à cerner votre niveau d'estime de soi. Ne réfléchissez pas longuement, votre première intuition, c'est la bonne réponse ! Si « cela dépend », référez-vous à ce que vous avez pu ressentir la dernière fois qu'une situation semblable s'est présentée dans votre vie...

	PLUTÔT VRAI	PLUTÔT FAUX
1) Je me demande souvent ce que les autres pensent de moi.	•	•
2) Lorsqu'on me fait des compliments, je suis étonné(e) et mal à l'aise pour répondre.	•	•
3) Je préfère me taire dans les soirées où il y a des convives brillants. Même si j'ai des choses à dire.		•

	PLUTÔT VRAI	PLUTÔT FAUX
4) Lorsque je ne suis pas satisfait(e) de moi, j'ai envie de me punir ou de me faire du mal.		X
5) Dans beaucoup de situations, j'ai du mal à dire « non » ou « stop ».		X
6) Il est fréquent que je laisse traîner des décisions importantes.	X	
7) Je préfère être aimé(e) qu'admiré(e).	X	
8) En cas de succès, j'ai peur de décevoir ensuite.	X	
9) Il me semble que si on me connaît trop bien, on m'aimera moins.		X
10) J'ai un moral fragile, très sensible aux événements.		X
11) Je peux être envieux(se) du succès des autres. Et ça me culpabilise !		X
12) J'aimerais bien être parfait(e) pour ne plus douter !	X	X
13) Je fais régulièrement « semblant » devant les autres : semblant de savoir, de m'en foutre, d'être à l'aise...		X
14) En sport ou lors de jeux de société, mon objectif est de ne pas perdre, plutôt que de gagner.		X
15) Il m'est plus facile de parler de mes défauts que de mes qualités.	X	

	PLUTÔT VRAI	PLUTÔT FAUX
16) J'ai souvent l'impression d'être en situation d'imposteur, et de ne pas mériter ce que j'ai, ou le bien qu'on pense de moi.		✓
17) Après avoir pris une décision importante, j'ai des bouffées de doutes ou de regrets.	✓	
18) Finalement, je me demande si je ne pense pas trop souvent à moi.		✓
19) Dans beaucoup de situations, je me sens inférieur(e) aux autres.	✓	
20) J'ai longtemps eu des complexes physiques.		✓

Interprétation des résultats

• PLUS DE 14 RÉPONSES « PLUTÔT VRAI » :
VOS RÉPONSES SUGGÈRENT
UNE ESTIME DE SOI FRAGILE

Votre rapport à vous-même n'est pas toujours confortable, ni serein. Pourtant, vos doutes ne vous empêchent ni de réussir ni d'être apprécié(e). Mais cela ne vous apaise pas. Deux tentations alors. La première, c'est d'écraser le doute de soi sous l'hypercontrôle (tout préparer et tout maîtriser). Mais comme le notait Paul Valéry : « La perfection est une défense », et elle ne fera que repousser vos craintes sans les éteindre durablement (« Est-ce que j'arriverai toujours à rester au top ? »). La seconde, c'est d'éviter les échecs en évitant l'action. Mais là encore, il s'agit d'une impasse et cette protection de soi mène à la frustration. Écoutez à ce propos Romain Rolland : « En agissant, on se trompe parfois ; en ne faisant rien, on se trompe toujours. »

Allez, avec vos doutes, vous n'êtes peut-être pas si loin de la solution : les plus récents travaux sur l'estime de soi montrent que l'oubli de soi et l'humilité en sont les deux clés sur le long terme. Finalement, si vous acceptiez d'être simplement vous-même ? De vous assumer imparfait...

• DE 7 À 13 RÉPONSES « PLUTÔT VRAI » :
VOS RÉPONSES SUGGÈRENT
UNE **ESTIME DE SOI MÉDIANE**

Vous doutez de vous, mais de manière adaptée : un doute n'a de raison d'être que s'il permet la lucidité, non s'il pousse à l'immobilité ; s'il incite à l'action et non à la rumination. Vous acceptez vos limites, mais sans les transformer en complexes, et sans vouloir à tout prix les cacher. Vous préférez la sincérité à l'éclat, et souscrivez à la remarque de La Rochefoucauld : « Nous gagnerions plus de nous laisser voir tels que nous sommes, que d'essayer de paraître ce que nous ne sommes pas. » Votre lien à vous-même est une amitié (cette « amitié que chacun se doit » selon Montaigne) plutôt qu'une adoration ou un amour fou. Pas de contorsions de l'ego, pas de course à l'approbation. Mais pas non plus de démissions aliénantes.

Votre idéal est clair : exigence et bienveillance, envers soi comme envers les autres. Une estime de soi du juste milieu...

• MOINS DE 6 RÉPONSES « PLUTÔT VRAI » :
VOS RÉPONSES SUGGÈRENT
UNE **HAUTE ESTIME DE SOI**

Vous avez une vision positive de vous-même, et vous ne redoutez pas le regard ou le jugement des autres. En tout cas, pas au point de renoncer à l'action, même compétitive. Car vous appréciez tout à fait de réussir, d'être estimé(e) et admiré(e). Assurez-vous cependant que cette haute estime de soi dispose de fondations solides : comment réagissez-vous à l'échec ou aux critiques ? Si vous assumez l'échec – même s'il ne vous fait pas plaisir – sans colère ni abattement exagérés, et sans vous dévaloriser ensuite, votre haute estime de soi est stable : tout va bien ! Mais si échecs ou critiques déclenchent l'envie de vous justifier ou de contre-attaquer, votre estime de soi, même haute, est peut-être un peu trop instable. Cioran disait : « Une seule chose importe : apprendre à être perdant. » Autant que dans la confiance affichée par temps calme, la vérité de l'estime de soi réside dans l'acceptation de l'adversité. Et dans une relative sérénité face aux blessures de l'ego.

Sérénité, mais pas indifférence : « Un rien m'agite. Rien ne m'ébranle », écrivait Louise Weiss. Ce pourrait être la devise d'une bonne estime de soi...

TABLE DES MATIÈRES

Cet ouvrage a été composé et mis en pages
chez NORD COMPO (Villeneuve d'Ascq)

Impression réalisée par

C P I
Brodard & Taupin

La Flèche (Sarthe), le 25-09-2009
N° d'impression : 54564
N° d'édition : 7381-2459-X
Dépôt légal : octobre 2009